Jan Leek
Typenkompass Moto Guzzi
Motorräder seit 1945

— Typenkompass —

Jan Leek
Moto Guzzi

Motorräder seit 1945

Einbandgestaltung: Katja Draenert

Bildnachweis: MGI Motorcycle GmbH, Moto Guzzi, Archiv des Autors

Eine Haftung des Autors oder des Verlags und seiner Beauftragten für Personen-, Sach- und Vermögensschäden ist ausgeschlossen.

ISBN 3-613-02431-4

1. Auflage 2004
Copyright © by Motorbuch Verlag, Postfach 103743, 70032 Stuttgart.
Ein Unternehmen der Paul Pietsch-Verlage GmbH + Co

Sie finden uns im Internet unter

http://www.paul-pietsch-verlage.de

Nachdruck, auch einzelner Teile, ist verboten. Das Urheberrecht und sämtliche weiteren Rechte sind dem Verlag vorbehalten. Übersetzung, Speicherung, Vervielfältigung und Verbreitung einschließlich der Übernahme auf elektronische Datenträger wie CD-Rom, Bildplatte usw. sowie Einspeicherung in elektronische Medien wie Bildschirmtext, Internet usw. ist ohne schriftliche Genehmigung des Verlages unzulässig und strafbar.

Lektorat: Joachim Kuch
Innengestaltung: Anita Ament
Reproduktion: digi bild reinhard, 73037 Göppingen
Druck und Bindung: Henkel GmbH, 70435 Stuttgart
Printed in Germany

Inhalt

Einleitung ___ 7	V 850 GT ___ 38
	California 850 ___ 39
Anmerkungen zu den Modellreihen _ **10**	
	V7 Sport ___ 40
GTV, GTW ___ 12	750 S ___ 42
Astore ___ 13	750 S3 ___ 43
Airone ___ 14	1000 S ___ 44
Airone Sport ___ 16	
Airone Turismo ___ 17	850 Le Mans I ___ 45
	850 Le Mans II ___ 46
	850 Le Mans III ___ 48
Galletto 160 ___ 18	Le Mans IV ___ 50
Galletto 175 ___ 19	Le Mans V ___ 51
Galletto 192 ___ 20	
Galletto 192 Elettrico ___ 21	850 T ___ 52
	850 T3 ___ 54
Falcone ___ 22	850 T4 ___ 55
Falcone Turismo ___ 23	850 T5 ___ 56
Falcone Sport ___ 24	
	V 1000 I Convert ___ 57
Lodola 175 ___ 25	V 1000 G 5 ___ 58
Lodola 175 Sport ___ 26	1000 SP, SP-NT ___ 60
Lodola 235 Gran Turismo ___ 27	
	1000 SP II ___ 62
Stornello 125 Turismo ___ 28	Mille GT ___ 63
Stornello Sport ___ 29	1000 SP III ___ 64
Stornello Regolarita 125 ___ 30	
Stornello 125 Scrambler America,	850 T 3 California ___ 66
Sport America ___ 31	California II ___ 68
Stornello 125 Nuovo ___ 32	California III ___ 70
Stornello 160 Nuovo ___ 33	California III i.e. ___ 71
	California 1100 ___ 72
Falcone Nuovo ___ 34	California EV ___ 74
V7 ___ 35	California Jackal ___ 76
V7 Special ___ 36	California Stone ___ 78

California Special	80
California Titanium / Aluminium	82
V 35, II, III	83
V 50, II, III	84
V 50 Custom	85
V 50 Monza	86
V 65, SP, GT	87
V 65 Custom, Florida	88
V 65 Lario	89
V 65 TT, 650 NTX	90
V 75	92
750 NTX	93
750 Nevada / Targa / Strada / SP	94
750 Nevada Classic	96
Quota 1000	98
Quota 1100 ES	99
Daytona 1000	100
Sport 1100	101
Daytona RS	102
Sport 1100 i	104
V 10 Centauro GT und Sport	105
V11 Sport	106
V 11 Rosso Mandello	108
V 11 Sport Scura	109
V 11 Le Mans	110
V 11 LM Rosso Corsa / Nero Corsa	112
V 11 Café Sport / Balabio / Coppa Italia	114
Breva V 750 IE	116
Breva 1100	118
V 7 Ippogriffo	120
V 11 GT	121
MGS-01 Corsa	122
Griso	124

Kleine Zweitaktmodelle **126**

Motoleggera 65	127
Cardellino	128
Dingo, 62 T	129
Zigolo	131
Trotter / Chiu	132
Cross 50, Nibbio	134
Magnum	135

Die de Tomaso-Ära und spätere kleine Zweitaktmodelle **136**

125 Tuttoterreno (TT), 125 Turismo	136
254	137
250 TS	138
350 GTS	139
400 GTS	140
125 2C 4T	141
125 BX	142
125 C	143

Abbildungen rechts: Moto Guzzi engagierte sich sehr früh im Motorsport, wie beim Langstreckenrennen Mailand–Taranto, ein Rennen auf öffentlichen Straßen, und auch im Grand-Prix-Sport, wo die meisten Erfolge in den 50ern stattfanden.

Einleitung

Die Geschichte von Moto Guzzi unterschied sich am Anfang, 1921, nicht von anderen ähnlichen Abenteuern in der Motorgeschichte. Zwei Kumpels, die ihr Traummotorrad bauen wollten, zwei Kumpels, die während des Ersten Weltkrieges zusammen ihre Träume geträumt hatten und jetzt erfüllt sehen wollten. Ursprünglich waren sie zu dritt, aber der Krieg ließ nur Carlo Guzzi und Giorgio Parodi zurück. Der Adler als Symbol ist eine Erinnerung an den verlorenen Kameraden. Parodi hatte den Geschäftssinn (und Einsehen genug, um dem Motorrad den Namen Guzzi zu geben) und das Geld (vielmehr sein Vater), mit dem Carlo Guzzi ein Motorrad entwickelte. Die technisch sehr fortschrittliche Maschine war 1921 fahrbereit und verfügte über Vierventiltechnik und Zentralfederung. Diese Faszination der Technik sollte die Produkte noch in den späten 50ern auszeichnen.

Eigentlich ist die Werksgeschichte auch eine Geschichte über die Kunst des Überlebens. Ihren Ruhm erarbeitete sich die Marke bei Langstreckenrennen und im GP-Sport der 20er und 30er Jahren. Als erster ausländischer Fahrer auf einem Motorrad ausländischer Herkunft gewann Omboto Tenni die 250er TT auf der Isle of Man 1937. In den Kriegsjahren der 40er gehörten Einzylinder-Guzzis zur mobilen Ausstattung der italienischen Streitkräfte. Behördenmaschinen waren auch direkt nach dem Krieg ein wichtiges Standbein für das malerisch gelegene Unternehmen. Ende der 40er konnte der Hersteller nicht nur an die Vorkriegsproduktion anknüpfen, sondern kämpfte sich auch sehr schnell wieder an die Rennspitze zurück, auch im internationalen Bereich.

Vor allem im Rennsport stand Moto Guzzi für Neudenken und Innovation. Die Marke ging in den drei größten Hubraumklassen mit fast jeder Motorauslegung an den Start: Einzylinder, Zweizylinder, Vierzylinder und sogar eine 500er V8. Kurz vor dem Kriegsausbruch war auch ein Dreizylinder rennbereit. Die WM-Titel erntete man aber nur in der 350er Klasse und auch nur mit dem markentypischen Einzylindermotor mit liegendem Zylinder. Doch dafür war die Ausbeute mit fünf Weltmeistertiteln in Folge, 1952 bis 1957, um so größer. Mit anderen namhaften Herstellern zog sich Moto Guzzi nach der Saison 1957 aus dem Rennsport zurück: Das Geld wurde knapp in Mandello. Denn Mitte der 50er sanken die Verkaufszahlen von Motorrädern dramatisch und schnell wie sie Anfang der 50er dramatisch in die Höhe geschnellt waren. ein. In beiden Fällen war in erster Linie Moto Guzzi davon betroffen. Da aber die Produktpalette ausschließlich aus Motorrädern bestand, traf der unerwartete Niedergang der Zweiradszene die Marke um so härter. Behördenmotorräder waren lange Zeit die Grundlage des Geschäfts gewesen, und zu sehr hatte man sich darauf verlassen. Die zivilen Motorräder mit ihrem konservativ-nostalgischen Touch vergangener Tage taten sich nun auf dem Markt eher schwer. Und echte Produktionsalternativen fehlten. In den 60ern entstanden einige Mittelklassemodelle, die heute kaum als »echte« Moto Guzzi betrachtet werden, auch wenn die Lodola in der Enduro-Szene beachtliche Erfolge hatte und Italien sogar den Gesamtsieg in einem Six-Days brachte. Über Mandello türmten sich immer schwärzere Wolken auf.

Vom drohenden Unwetter aber blieb Moto Guzzi vorläufig verschont, einmal mehr rettete der Staat das Unternehmen: Die Behörden suchten ein neues Polizeimotorrad. Weder die einheimischen Konkurrenten noch Moto Guzzi selbst konnten mit ihren Produkten das Aufgabenheft erfüllen, doch Guzzi reagierte am schnellsten und betraute 1963 die beiden Konstrukteure Giulio Carcano und Umberto Todero (beide schon in den 50ern in der Rennabteilung tätig) mit den ersten Studien zu einem V-Zweizylinder. Schon 1966 lief die Produktion der Behördenmaschinen an; 1967 war die V7 in ziviler Ausführung erhältlich. Diese Konstruktion prägte das Guzzi-Programm der folgenden Jahrzehnte.

Die Auslegung mit dem quer eingebauten Zweizylinder und längslaufender Kurbelwelle mit direktem Anschluss zum Kardan ist zu einer Hausphilosophie geworden, dem Markenzeichen bis hin zu der heutigen Motoren-Generation, die mit der ersten Daytona mit Vierventiltechnik Anfang der 90er ihr Debüt gab.

Eine dunkle Wolke aber hing noch immer bedrohlich über dem See: Bei der Einführung der neuen V7 lief das Werk schon unter staatlicher Regie, verwaltet von einer staatlichen Kontrollinstanz unter strengen finanziellen Einschränkungen. Das gleiche Schicksal traf auch andere italienische Hersteller, aber im Gegensatz zu ihnen wurde Moto Guzzi bereits 1973 wieder in private Hände übergeben. Der argentinische Unternehmer Alessandro de Tomaso, ehemaliger Autorennfahrer, wollte die italienische Motorrad-Industrie ankurbeln; Moto Guzzi und Benelli sollten die Keimzelle künftiger italienischer Motorrad-Herrlichkeiten bilden. Zusammen mit seiner eigenen Automarke und der ebenfalls gekauften Marke Maserati zimmerte er ein bescheidenes Imperium zusammen. Eine Folge davon waren unter anderem mehrere Zweitakter und vierzylindrige Viertakter, die technisch baugleich waren und sich nur durch Herstellerembleme auf den Tanks voneinander unterschieden. Die Krönung dieser Epoche bildete die Benelli Sei, ein Sechszylinder, die allerdings keine Entsprechung im Guzzi-Programm fand.

Gleichzeitig wurde eine Baureihe mit kleineren V2-Motoren auf Band gelegt, wie V35, V50, V65 und so weiter, eine Reihe, die noch im neuen Millenium Tradition ist. Dann geschah etwas Unerwartetes: Eine Moto Guzzi Le Mans IV gewann die amerikanische Langstreckenmeisterschaft – nicht weiter der Rede wert, wenn nicht von entscheidender Bedeutung für das Unternehmen. Hinter dem Projekt stand der Zahnarzt John Wittner, später als Doktor John bekannt. Seine Ideen für ein neues Chassis begeisterte de Tomaso und bald saß »il dottore« in Mandello fest. Das führte zu einem neuen Aufschwung, da von seinen Rennmaschinen die neue Daytona abgeleitet wurde. Das ging einher mit einem neuen Interesse an größeren Motorrädern, doch trotz des neuen sportlichen Images konnte Moto Guzzi nicht wirklich mit den Sportmaschinen anderer Hersteller konkurrieren. Stattdessen waren es die großen Tourer der Neuzeit, die an die hauseigene Tradition anknüpften und gleichzeitig eine immer älter werdende Kundschaft zufrieden stellten.

Die Cruisermodelle hatten bald einen höheren Stellenwert als die Sportmaschinen. Eine Überarbeitung der Modellpalette machte den Wegfrei für die neue Vierventil-Daytona, deren Design sich bald in einem Zweiventiler wiederfand. Gleichzeitig wurden alle Modelle auf eine Einspritzung umgestellt: Dem Adler wuchsen wieder mächtige Flügel.

Ende der 90er war wieder Machtwechsel im Hause Guzzi, als sich de Tomaso aus gesundheitlichen Gründen zurückzog. Eine neue Führung übernahm das Steuer und eine Holdinggesellschaft setzte ab 1996 alle Kräfte ein, um das Unternehmen zu sanieren. Die Modellvielfalt wurde ab jetzt in drei Baureihen eingeteilt: Cruiser, Sportmaschinen und kleinere Cruiser. Da die beiden großen Reihen auf der gleichen Technik basierten, waren die Einspareffekte enorm, trotz einer sehr großen Modellvielfalt und einer hohen Fertigungstiefe. Man soll wissen, dass Moto Guzzi sehr lange Teile wie Telegabel, Bremstrommeln und Gußteile in der eigenen Fabrik herstellte. Früher war das gang und gäbe, aber Ende der 70er eher kostspielig. Nach dem Börsengang 1999 strömten neue Modelle (und neues Kapital) hinzu, wobei die V11 Sport als Vertreter einer neuen Generation die Speerspitze bildete.

Die Marke, mitsamt Fabrikanlagen, stand derweilen wieder zum Verkauf, und mehrere Interessenten meldeten sich. Der Zuschlag erhielt im Mai 2000 schließlich Ivano Beggio und Aprilia, eine Tatsache, die zunächst in Guzzikreisen für große Unruhe sorgte. Es stellte sich aber heraus, dass die neuen Hausherren aber nicht beabsichtigten, die Marken miteinander zu verschmelzen, sondern vielmehr die Tradition aus Mandello achteten und das Erbe bewahrten. Der Wandel machte sich bemerkbar, als Modelle wie die Le Mans und die Stone auf den Markt kamen, Fahrermaschinen, die mit einem Rad in der stolzen Vergangenheit rollten. Die Qualitätskontrolle verbesserte sich zusehends und die Vermarktung lief plötzlich dank moderner Methoden etwas besser als zuvor.

Die im Herbst 2000 vorgestellte Mandello Rosso, eine Luxusvariante der V11 Sport in limitierter Auflage, markierte den ersten Schritt dieser neuen Ära.

Im neuen Millenium reagiert der Hersteller sehr schnell auf Marktbedürfnisse, ohne dabei die Bedeutung der älteren Modelle und der treuen Kundschaft aus den Augen zu verlieren. Trotzdem werden hin und wieder völlig neue Wege beschritten, wie an den beiden Breva-Modellen zu sehen oder dem Cruisermodell Griso, zwei Konzepte, die nicht unterschiedlicher sein können und dennoch den typischen V-Look aufweisen.

Es bleibt zu hoffen, dass sich nach der Übernahme der Aprilia-Gruppe durch Roller-Riese Piaggio 2004 daran nichts ändert.

Bemerkung

Es war nicht immer möglich, vollständige Angaben für die Datentabellen ausfindig zu machen, besonders bei den Herstellungszahlen. Ständig wechselnde Geschäftsführungen, veraltete Archivsysteme und eine Belegschaft die zeitweise auf 350 Mann zurückgegangen war, ließen einiges verkommen oder verschwinden. Dass sich auch die deutschen Importeure regelmäßig ablösten, vereinfachte die Sache nicht. Das Archiv in Mandello del Lario ist zwar groß und umfangreich, aber nicht leicht zugänglich. Trotzdem haben Mitarbeiter, meist erfolgreich, versucht die nötigen Informationen zu finden.

Anmerkungen zu den Modellreihen

Die Einzylinder der 50er und 60er Jahre

Auch während des Krieges lieferte der Hersteller Einzylinder-Maschinen an die Streitkräfte, und die Produktion der Nachkriegszeit knüpfte daran fast nahtlos an. Die Merkmale der bekannten Ur-Guzzi mit liegendem Zylinder und außenliegender Schwungscheibe zeigten sich auch bei den ersten Nachkriegsmodellen mit 500 und 250 Kubik. Auf Basis der ersten Vorkriegsmodellen entstand dann bald die etwas spritzigere Falcone, das Sinnbild für die sportlichen Aktivitäten in Mandello. Aber es gab während der Einzylinder-Ära auch andere Experimente, so zum Beispiel den Motorrad-ähnlichen Roller Galletto, der von 1954 bis 1966 gebaut wurde. In dieser Zeit entstand auch der letzte von Carlo Guzzi gezeichnete Motor, der die Lodola befeuerte. Zunächst mit obenliegender Nockenwelle und 175 Kubik, mutierte sie bald zu einer 235er mit Stoßstangen. Auf dieser Basis stellte dann das Werk in kleinen Stückzahlen Geländemaschinen für die italienische Trophy-Mannschaft in der Internationalen Sechstage-Fahrt her. Bis 1957 leistete sich Moto Guzzi überdies ein großes Grand-Prix-Rennteam, deren Konstruktionen kaum für die Serienherstellung taugten. Praktisch nahtlos wurde dann dieses Engagement in den Geländesport übertragen, mit Motorrädern, die nur durch das Modell Stornello eine Verbindung zur Serie hatten. Dieser Single (125 und 160 Kubik), zusammen mit der 500 Falcone Nuovo, stand auch noch in den frühen 70ern im Programm, beide verschwanden aber kurz vor Einführung der Le Mans.

Der Glückswurf: Die V7-Modelle

Als Mitte der 60er ein Behördenmotorrad entwickelt wurde, sollte sich dieser Auftrag für Moto Guzzi zu einer Goldader entwickeln. Die Ende der 60er vorgestellte V7 mutierte sehr schnell zu einem beliebten Tourenmotorrad und wuchs bald zur V7 Special mit mehr Hubraum und Ausstattung. Die Modelle lösten sich im Zweijahres-Turnus ab, wobei die Technik fast unverändert blieb. Mitte der 70er entdeckte das Werk dann zwei neue Absatzmöglichkeiten, nämlich den Sport- und den Cruiser-Sektor.
In der Sportabteilung konnte Guzzi schon 1972 eine Maschine in der Langstrecken-EM einsetzen, und daraus resultierte die 1973 eingeführte V7 Sport, der Urvater der späteren Le Mans. Hier waren einige Innovationen zu sehen, wie etwa der vorn auf der Kurbelwelle sitzende Wechselstromgenerator und der sportliche Rundrohrrahmen. Als 1977 der Motor auf 850 Kubik wuchs und das Modell den Namen Le Mans bekam, war eine Legende geboren. Die 850 GT mutierte gleichzeitig zur Eldorado und bekam in einer Ausführung die üblichen Features eines amerikanischen Polizeimotorrads. Dieses Thema sollte der Hersteller 1980 wieder aufgreifen und unter dem Modellname »California« unsterblich machen.
Die Einteilung der Modellfamilie war danach ziemlich einfach und bestand eigentlich nur aus Le Mans- und verschiedenen Touren-Varianten unter der Modellbezeichnung T – später hießen diese dann nur noch »California«.

Moderne Zeiten: Einspritz-Vierventiler

Auf der Basis einer Rennmaschine aus den USA baute Moto Guzzi Anfang der 90er die Daytona. Sie verfügte immer noch über den V-Zweizylinder-Motor, jedoch mit Vierventiltechnik und Einspritzung. Schon während der Entwicklung kam eine California (III C i. e.) in den Genuss einer Einspritzanlage.

Aus der Daytona leitete Guzzi auch eine Zweiventil-Sport ab, zuerst mit Vergasern und 1100 Kubik, dann ebenfalls mit Einspritzung. Die Vierventiltechnik blieb eigentlich nur der Daytona erhalten, die mehr und mehr in Vergessenheit riet. Die California-Familie dagegen wuchs ständig weiter und war in einigen Modelljahren in vier verschiedenen Varianten zu haben. Die ungewöhnlichste war wohl die 1999 eingeführte Jackal, die erfolgloseste die Centauro.

Der Kreis schloss sich mit der V 11 Sport. Design und Optik stammten direkt aus den 70ern, doch Anmutung und Technik hatten den Flair des neuen Jahrtausends.

Die de Tomaso-Ära

Der ehemalige argentinische Rennfahrer und Geschäftsmann Alejandro de Tomaso übernahm 1973 Moto Guzzi und wollte mit Moto Guzzi und Benelli der italienischen Motorradindustrie zur Weltgeltung verhelfen. Zuvor baute er Sportwagen mit Ford-Motoren unter eigenem Namen, und auch Maserati gehörte zu seinem Imperium. Aushängeschild seiner motorradtechnischen Ambitionen war die sechszylindrige Benelli Sei, und davon schnitt er kleine Scheibchen ab, die dann in vierzylindrige Modelle mit 350 und 500 Kubikzentimeter Hubraum umgewandelt wurden und als Benelli und Moto Guzzi erschienen. Auch 250er mit vierzylindrigen Viertaktmotoren und zweizylindrige Zweitaktern sind gesichtet worden. Die Experimente mit diesem »badge engineering« (Austauch der Embleme) währten aber nicht lange und endeten bereits Anfang der 80er.

Die kleinen Zweitakter

Zwischen 1946 und 1982 gab es im Programm von Moto Guzzi immer mindestens ein Zweitaktmodell. Einige davon waren Fehlschläge, andere wiederum zeugen von dem fast krampfhaften Bemühen der Unternehmensleitung, vom boomenden Markt der Kleinmotorisierung zu profitieren. Das gelang, wenn auch nur in sehr bescheidenem Umfang, lediglich in Italien. Im Export – etwa nach Deutschland – spielten diese Modelle keine Rolle, bei den meisten wurde noch nicht einmal der Versuch unternommen. Mit dem ersten jener Maschinen, der Motoleggera, gelang Guzzi auf Anhieb ein Volltreffer, sie war aus dem Straßenbild des Italiens Nachkriegszeit nicht wegzudenken. Die Reihe der Kleinkrafträder lässt sich in gerader Linie über die Cardellino (1954 – 65) bis hin zur Dingo (1963 – 76) fortsetzen. Die Variationen des letzten Modells sind allerdings zu zahlreich, um hier vollständig aufgelistet zu werden.

Die Neuzeit: 1999-2004

In der Neuzeit ist das Modellprogramm in den drei Linien Tourer, Cruiser und Sportmaschinen eingeteilt, wobei von jedem Basismodell leicht geänderte Varianten abgeleitet wurden. Ohne große technische Aufwand lässt sich so eine bunte Modellvielfalt gestalten, die aber auch sehr schnell auf neue Impulse am Markt wieder reagieren kann. Zu einer ständig verbesserten Einspritzung gesellte sich ab 2003 außerdem der geregelte Katalysator, und damit war Moto Guzzi nicht mehr ein Vertreter der alten Schule, sondern rollte mit beiden Rädern voll in der Neuzeit.

GTV, GTW

Moto Guzzi-Motorräder wurden in den drei Jahren, in denen Italien am Zweiten Weltkrieg teilnahm, an allen Fronten eingesetzt. Die Maschinen wiesen noch die Technik der Vorkriegszeit auf. Auch in der Nachkriegszeit bestellte die Armee vor allem in Mandello, die nach entsprechenden Spezifikationen gebaute Superalce wurde anfangs ausschließlich an Behörden verkauft. Später entwickelte man daraus zwei weitere Zweiventil-Einzylinder. Die GTV und die leistungsstärkere GTW basierten (wie die Superalce) auf einem Einzylinder von 1933, wiesen aber einen Auslasskanal auf anstelle der früheren zwei. Die klassischen Merkmale jener Konstruktion, der horizontal liegende Zylinder und das offene Schwungrad, zeichneten aber auch diese Neukonstruktionen aus. Die beiden Modelle wurden nur kurze Zeit und in geringen Stückzahlen produziert.

Motorrad:	GTV (GTW)
Produktionszeit:	1947 – 48
Motor:	1-Zyl OHV/2V
Hubraum:	498,4 cm^3
Bohrung x Hub:	88 x 82 mm
Verdichtung:	5,5:1 (6,5:1)
Leistung:	18,9 PS / 4300/min (22 / 4500/min)
Gemischaufber.:	Dell'Orto MD27, Marelli Magnetzündung
Kupplung:	Mehrscheiben-Nasskupplung
Getriebe:	4 Gänge
Rahmen:	Verschraubte Rahmenrohre mit Befestigungsplatten h. und u. Motor
Radstand:	1400 mm
Federung vorn:	Trapezgabel, ab Ende 1947 hydraulische Telegabel
Federung hinten:	Schwinge mit Reibungsdämpfung, ab Ende 1947 mit Hydraulikkolben
Reifen vorn:	3.25-19
Reifen hinten:	3.50-19
Bremse vorn:	Trommelbremse
Bremse hinten:	Trommelbremse
Leergewicht:	180 kg
Tankinhalt:	12 Liter
Höchstgeschw.:	110 km/h (130 km/h)

Astore

Die Astore war eine Weiterentwicklung der GTV. Sie hatte also auch die im Vorjahr eingeführte 200 mm große Trommelbremse auf, und Zylinder sowie Zylinderkopf bestanden ebenfalls aus Aluminium. Die Astore galt damals als echte GT-Maschine, obwohl sie annähernd baugleich mit der GTV-Vorgängerin war. Technisch neu daran war neben den Aluteilen des Motors eigentlich nur der Vergaser. Die Astore behauptete einige Jahre lang ihre Stellung als Topmodell im Programm. Sie wurde erst 1954 durch die Einführung der leistungsstärkeren Falcone Sport und Turismo abgelöst.

Motorrad:	Astore
Produktionszeit:	1949 – 53
Motor:	1-Zyl OHV/2V
Hubraum:	498,4 cm^3
Bohrung x Hub:	88 x 82 mm
Verdichtung:	5,5:1
Leistung:	18,9 PS / 4300/min
Gemischaufber.:	Dell'Orto MD 27F, Marelli Magnetzündung
Kupplung:	Mehrscheiben-Nasskupplung
Getriebe:	4 Gänge
Rahmen:	Rohrrahmen verschraubt an Platten h. und u. Motor
Radstand:	1475 mm
Federung vorn:	Hydr. Telegabel
Federung hinten:	Hydr. ged. Schwinge
Reifen vorn:	3.50-19
Reifen hinten:	3.50-19
Bremse vorn:	Trommel, 200 mm
Bremse hinten:	Trommel
Leergewicht:	180 kg
Tankinhalt:	13,5 Liter
Höchstgeschw.:	120 km/h

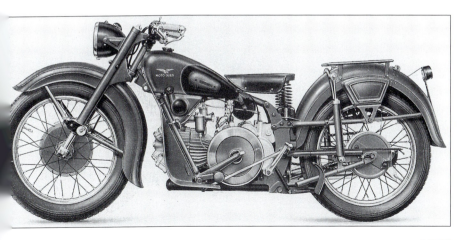

Airone

Die 250er Airone entstand bereits 1939 und wurde zwischen 1940 und 1957 an die Behörden ausgeliefert. Doch erst das Nachkriegsmodell in ziviler Ausstattung wurde zu einem echten Markterfolg. Eine Basis-Airone gab es in dieser Ausführung nur kurze Zeit. Sie wies mit dem Alumotor und der Telegabel annähernd die gleichen Neuerungen auf wie das größere Modell Astore und sie ähnelten sich auch in der Grundoptik mit dem horizontal platziertem Zylinder und dem außenliegenden Schwungrad. Nicht nur der Preis machte sie populär, sondern vor allem ihre Handlichkeit und das geringe Gewicht.

Motorrad:	Airone
Produktionszeit:	1939 – 1949
Motor:	1-Zyl OHV/2V
Hubraum:	247 cm^3
Bohrung x Hub:	70 x 64 mm
Verdichtung:	6:1
Leistung:	9,5 PS / 4800/min
Gemischaufber.:	Dell'Orto SBF22, Marelli Magnetzündung

Kupplung:	Mehrscheiben-Nasskupplung
Getriebe:	4 Gänge
Rahmen:	Vorderrohrrahmen an Motorbefestigungsplatte h. und u. Motor verschraubt
Radstand:	1370 mm
Federung vorn:	Hydraulische Telegabel
Federung hinten:	Schwinge mit Reibungsdämpfung (ein Baujahr hydr.)
Reifen vorn:	3.00-19
Reifen hinten:	3.00-19
Bremse vorn:	Trommel
Bremse hinten:	Trommel
Leergewicht:	140 kg
Tankinhalt:	10,5 Liter
Höchstgeschw.:	95 km/h

Airone Sport

Schon 1949 kam eine sportlich aufdatierte Version der Airone. Dank einer erhöhten Verdichtung und eines neuen Vergasers entwickelte sie 12 PS, 2,5 mehr als die Erstausführung. Die Sport wurde stetig weiterentwickelt und leistete zum Schluss angeblich 13,5 PS bei 6000 Umdrehungen. Der Motor zählte zu den am besten gelungenen Konstruktionen von Carlo Guzzi, aber leider blieben die Airone-Modelle nur in Italien populär. In Ländern wie Deutschland oder Großbritannien konnte die Kleine wegen eines ungünstigen Lira-Wechselkurses kaum konkurrieren. In England etwa lag der Preis in der Höhe einer Triumph 500.

Motorrad:	Airone Sport
Produktionszeit:	1949 – 58
Motor:	1-Zyl OHV/2V
Hubraum:	247 cm^3
Bohrung x Hub:	70 x 64 mm
Verdichtung:	7:1
Leistung:	12 PS / 5200/min
Gemischaufber.:	Dell'Orto SS1 25A, Marelli Magnetzündung
Kupplung:	Mehrscheiben-Nasskupplung
Getriebe:	4 Gänge
Rahmen:	Rohrrahmen
Radstand:	1370 mm
Federung vorn:	Hydr. Telegabel
Federung hinten:	Schwinge mit Reibungsdämpfung
Reifen vorn:	3.00-19
Reifen hinten:	3.00-19
Bremse vorn:	Trommel, 180 mm
Bremse hinten:	Trommel
Leergewicht:	137 kg
Tankinhalt:	10,5 Liter
Höchstgeschw.:	115 – 130 km/h

Airone Turismo

Die erste Nachkriegs-Airone erhielt den Zusatz Turismo, um sie von der 1949 ebenfalls als Neuheit vorgestellten Sport zu unterscheiden. Die Technik war, abgesehen von einem einfachen, zum großen Teil aus Pressgussteilen bestehenden Rahmen, gleich. Ab 1952 erhielt auch die Turismo den Rahmen der Sport, 1954 bekam sie dann einen 12 PS-Motor. Die ständige Modellpflege ließ Turismo und Sport einander optisch immer ähnlicher werden, so dass die Unterschiede mehr und mehr verwischten.

Motorrad:	Airone Turismo
Produktionszeit:	1949 – 57
Motor:	1-Zyl OHV/2V
Hubraum:	247 cm³
Bohrung x Hub:	70 x 64 mm
Verdichtung:	6:1
Leistung:	9,5 PS / 4800/min (ab '54: 12 PS / 5200)
Gemischaufber.:	Dell'Orto SBF22, Marelli Magnetzündung
Kupplung:	Mehrscheiben-Nasskupplung
Getriebe:	4 Gänge
Rahmen:	Rohrrahmen mit Platten verschraubt, ab 1952 baugleich mit Sport
Radstand:	1370 mm
Federung vorn:	Hydr. Telegabel
Federung hinten:	Schwinge mit Reibungsdämpfung
Reifen vorn:	3.00-19
Reifen hinten:	3.00-19
Bremse vorn:	Trommel, 180 mm
Bremse hinten:	Trommel
Leergewicht:	140 kg
Tankinhalt:	10,5 Liter
Höchstgeschw.:	95 – 100 km/h

Galletto 160

Der 1950 in Genf vorgestellte Prototyp besaß noch einen Hubraum von 150 Kubikzentimetern, die erste Serienversion, die zum Jahresende hin ausgeliefert wurde, verfügte jedoch bereits über 160 cm³; Carlo Guzzi konstruierte eigens für dieses Modell einen kleinen Viertaktmotor. Allerdings hatte diese erste Modellvariante ein häufig kritisiertes Dreigang-Getriebe. Bei der Maschine selbst handelte es sich um eine gelungene Mischung aus Roller und Motorrad. Zu der benutzerfreundlichen Ausstattung gehörten Kleinigkeiten wie ein Benzinfilter vor dem Vergaser oder ein auswaschbarer Luftfilter. Das Reserverad konnte vorn oder hinten montiert werden, da Vorder- und Hinterrad die gleichen Dimensionen aufwiesen. Der am Rahmen eingebaute Wagenheber vereinfachte den Reifenwechsel; Bremse und Antriebskette verblieben bei Demontage des Rades an der Einzelschwinge.

Motorrad:	Galletto 160
Produktionszeit:	1950 – 51
Motor:	1-Zyl, OHV/2V
Hubraum:	159,5 cm³
Bohrung x Hub:	62 x 53 mm
Verdichtung:	5,6:1
Leistung:	6 PS / 5200/min
Gemischaufber.:	Dell'Orto MA 18BS1, Schwungradmagnet Marelli ST 119 DAS
Kupplung:	Mehrscheiben-Nasskupplung
Getriebe:	3 Gänge
Rahmen:	Pressstahlrahmen mit Rohrkern
Radstand:	1310 mm
Federung vorn:	Langschwinggabel
Federung hinten:	Einarmschwinge mit horizontalem Federbein
Reifen vorn:	2.75-17
Reifen hinten:	3.00-17
Bremse vorn:	Trommel, 125 mm
Bremse hinten:	Trommel, 125 mm
Leergewicht:	107 kg
Tankinhalt:	7 Liter
Höchstgeschw.:	80 km/h

Galletto 175

Bereits zwei Jahre nach Einführung der Galetto wurde der Motor 1952 auf 175 Kubikzentimeter Hubraum vergrößert, was eine Leistungssteigerung auf 7 PS mit sich brachte. Außerdem stattete Moto Guzzi das Getriebe mit einem vierten Gang, eine längere Gesamtübersetzung sowie eine Ganganzeige für die Schaltwippe aus. Damit erschöpften sich aber schon die Änderungen gegenüber dem Vormodell, der Rest entsprach der schon bestens bekannten Galletto 160. Das robuste Gebrauchsmotorrad avancierte in dieser Form zum Bestseller.

Motorrad:	Galletto 175
Produktionszeit:	1952 – 53
Motor:	1-Zyl OHV/2V
Hubraum:	174,4 cm³
Bohrung x Hub:	65 x 53 mm
Verdichtung:	5,6:1
Leistung:	7 PS / 5200/min
Gemischaufber.:	Dell'Orto MA 18 BS1, Schwungradmagnet
Kupplung:	Mehrscheiben-Nasskupplung
Getriebe:	4 Gänge
Rahmen:	Pressstahlrahmen mit Rohrkern
Radstand:	1310 mm
Federung vorn:	Langschwinggabel
Federung hinten:	Einarmschwinge mit horizontalem Federbein
Reifen vorn:	2.75-17
Reifen hinten:	3.00-17
Bremse vorn:	Trommel, 125 mm
Bremse hinten:	Trommel, 125 mm
Leergewicht:	107 kg
Tankinhalt:	7 Liter
Höchstgeschw.:	80 km/h

Galletto 192

Kaum zwei Jahre nach der letzten Hubraumaufstockung unterzog Moto Guzzi die Galletto einer tiefgreifenden Revision. Die Anfang 1954 vorgestellte Maschine erhielt eine Kurbelwelle mit längerem Hub, was zu einem Hubraum von 192 cm³ und einer Leistung von 7,5 PS bei 5000 Umdrehungen führte. Weitaus wichtiger aber war – neben dem deutlich besseren Durchzug – die neue Elektrik. Ein Dynamo mit Anlasserfunktion versorgte nicht nur die (jetzt größere) Batterie, sondern auch die Zündung. Auch der Scheinwerfer wurde dank der modifizierten Elektrik verbessert, mit stärkerer Glühbirne und größerem Durchmesser (150 mm). Dieses Modell besaß einen auf 8,5 Liter vergrößerten Tank.

Motorrad:	Galletto 192
Produktionszeit:	1954 – 60
Motor:	1-Zyl OHV/2V
Hubraum:	192 cm³
Bohrung x Hub:	65 x 58 mm
Verdichtung:	6,4:1
Leistung:	7,5 PS / 5000/min
Gemischaufber.:	Dell'Orto MA 19BS1, Batteriezündung
Kupplung:	Mehrscheiben-Nasskupplung
Getriebe:	4 Gänge
Rahmen:	Pressstahlrahmen mit Rohrkern
Radstand:	1310 mm
Federung vorn:	Langschwinggabel
Federung hinten:	Einarmschwinge mit horizontalem Federbein
Reifen vorn:	2.75-17
Reifen hinten:	3.00-17
Bremse vorn:	Trommel, 125 mm
Bremse hinten:	Trommel, 125 mm
Leergewicht:	110 kg
Tankinhalt:	8,5 Liter
Höchstgeschw.:	85 km/h

Galletto 192 Elettrico

Die letzte Gallettoreihe von 1961 unterschied sich durch die neuen Schutzbleche und das größere Rücklicht von den Vorgängern. Die größten Veränderungen fanden sich wieder in der Elektrik. Notwendig geworden durch den elektrischen Anlasser, versorgte eine richtige Lichtmaschine eine 12 Volt-Batterie mit 20 Ampére. Die Hinterradfederung wurde jetzt hydraulisch gedämpft. Der Motor leistete dank erhöhter Verdichtung 7,7 PS. Diese letzte Galletto blieb bis 1966 in Produktion, bis sie nach großen finanziellen Problemen zusammen mit mehreren älteren Modellen aus dem Programm genommen werden musste.

Motorrad:	Galletto 192 Elettrico
Produktionszeit:	1960 – 66
Motor:	1-Zyl. OHV/2V
Hubraum:	192 cm^3
Bohrung x Hub:	65 x 58 mm
Verdichtung:	7:1
Leistung:	7,7 PS / 5200/min
Gemischaufber.:	Dell'Orto MA 19BS1, Batteriezündung
Kupplung:	Mehrscheiben-Nasskupplung
Getriebe:	4 Gänge
Rahmen:	Pressstahlrahmen mit Rohrkern
Radstand:	1310 mm
Federung vorn:	Langschwinggabel
Federung hinten:	Einarmschwinge mit horizontalem Federbein
Reifen vorn:	2.75-17
Reifen hinten:	3.00-17
Bremse vorn:	Trommel, 125 mm
Bremse hinten:	Trommel, 125 mm
Leergewicht:	134 kg
Tankinhalt:	8,5 Liter
Höchstgeschw.:	90 km/h

Falcone

Das Einzylinderkonzept der Vorkriegszeit lebte in den Modellen GTV, GTW und anschließend Astore weiter, bis 1950 die Falcone erschien. Deren Wurzeln reichten zurück bis zur Rennmaschine Condor, obwohl sie eigentlich eine aufwändig überarbeitete GTW darstellte. Der Motor selbst war sportlicher ausgelegt, und die 23 PS konnten mit wenig Aufwand genutzt werden. Der optisch-technische Unterschied bestand im gekapselten Ventilmechanismus, dem aus Alu bestehenden Zylinder samt Kopf sowie dem SS Dell'Orto Rennvergaser. Der neue Rahmen machte die Maschine niedriger und die allgemeine Linienführung ließ sie sportlicher erscheinen. Sie wurde drei Jahre lang, bis 1953, gebaut, danach erschien dann die gedrosselte Turismo. Von da an hieß die Basis-Falcone Sport.

Motorrad:	Falcone
Produktionszeit:	1950 – 53
Motor:	1-Zyl OHV/2V
Hubraum:	498,4 cm^3
Bohrung x Hub:	88 x 82 mm
Verdichtung:	6,5:1
Leistung:	23 PS / 4500/min
Gemischaufber.:	Dell'Orto SS 29A, Magnet
Kupplung:	Mehrscheiben-Nasskupplung
Getriebe:	4 Gänge
Rahmen:	Rohrrahmen, hinten verschraubt
Radstand:	1500 mm
Federung vorn:	Telegabel
Federung hinten:	Federpaket unter dem Motor, Reibungsdämpfung
Reifen vorn:	3.25-19
Reifen hinten:	3.50-19
Bremse vorn:	Trommel
Bremse hinten:	Trommel
Leergewicht:	170 kg
Tankinhalt:	17,5 Liter
Höchstgeschw.:	135 km/h

Falcone Turismo

Ab 1954 kam eine gedrosselte Ausführung der Falcone auf den Markt, die Turismo genannt wurde. Optisch unterschied sich dieses Modell von der jetzigen Sport-Falcone (welche das Basis-Modell darstellte) durch die schwarzlackierten Kniefelder auf dem Tank (diese trugen früher Chrom), dem Gepäckträger anstelle des hinteren Sitzkissens und dem fehlenden Tacho. Die Motorleistung verringerte sich zu Gunsten besseren Drehmoments. Möglich wurde dies durch eine niedrigere Übersetzung, kleinere Ventile, einen kleineren Vergaser und einer zurück genommene Verdichtung.

Motorrad:	Falcone Turismo
Produktionszeit:	1954 – 68
Motor:	1-Zyl OHV/2V
Hubraum:	498,4 cm^3
Bohrung x Hub:	88 x 82 mm
Verdichtung:	5:1
Leistung:	18 PS / 4300/min
Gemischaufber.:	Dell'Orto MD 27F, Magnet
Kupplung:	Mehrscheiben-Nasskupplung
Getriebe:	4 Gänge
Rahmen:	Rohrrahmen, hinten verschraubt
Radstand:	1500 mm
Federung vorn:	Telegabel
Federung hinten:	Federpaket unter dem Motor, Reibungsdämpfung
Reifen vorn:	3.50-19
Reifen hinten:	3.50-19
Bremse vorn:	Trommel
Bremse hinten:	Trommel
Leergewicht:	176 kg
Tankinhalt:	17,5 Liter
Höchstgeschw.:	120 km/h

Falcone Sport

Die Ur-Falcone nannte sich nach der Einführung der Turismo 1954 Sport, hatte aber nach wie vor die gleiche Technik. Erfolge bei italienischen Langstrecken-Veranstaltungen, wie zum Beispiel Mailand-Taranto, sicherten den Verkaufserfolg. Tuningmaßnahmen waren mit Hilfe von Teilen der Rennmaschine Dondolino leicht zu bewerkstelligen, was wiederum die Popularität weiter steigerte. Eine Wiedereinführung 1963 sah beispielsweise einen neuen Schalldämpfer ohne Schwanzflossen vor.

Motorrad:	Falcone Sport
Produktionszeit:	1954 – 64
Motor:	1-Zyl OHV/2V
Hubraum:	498,4 cm^3
Bohrung x Hub:	88 x 82 mm
Verdichtung:	6,5:1
Leistung:	23 PS / 4500/min
Gemischaufber.:	Dell'Orto SS 29 A, Magnet
Kupplung:	Mehrscheiben-Nasskupplung
Getriebe:	4 Gänge
Rahmen:	Rohrrahmen, hinten verschraubt
Radstand:	1500 mm
Federung vorn:	Telegabel
Federung hinten:	Federpaket unter dem Motor, Reibungsdämpfung
Reifen vorn:	3.25-19
Reifen hinten:	3.50-19
Bremse vorn:	Trommel
Bremse hinten:	Trommel
Leergewicht:	170 kg
Tankinhalt:	17,5 Liter
Höchstgeschw.:	135 km/h

Lodola 175

Die Lodola war mit 175 Kubikzentimetern Hubraum bei ihrer Einführung 1956 der erste Moto Guzzi-Viertakter für die Straße, der den Wechsel weg von der bisherigen horizontalen Auslegung vollzog. Zugleich bildete dieser Motor die letzte Arbeit von Carlo Guzzi, der damit eine für seine Zeit sehr moderne Auslegung schuf. Seine Konstruktion hatte sogar eine obenliegende Nockenwelle und stolze 9 PS Leistung. Der gesamte Ventiltrieb war gefedert und kompensierte wechselndes Ventilspiel. Die kleine, leichte Maschine war ein typisches italienisches Sportmotorrad und lief in dieser ersten Ausführung zwei Jahre lang.

Motorrad:	Lodola 175
Produktionszeit:	1956 – 58
Motor:	1-Zyl OHC/2V
Hubraum:	174 cm^3
Bohrung x Hub:	62 x 57,8 mm
Verdichtung:	7,5 :1
Leistung:	9 PS / 6000/min
Gemischaufber.:	Dell'Orto UB 22 BS 2A, Batteriezündung
Kupplung:	Mehrscheiben-Nasskupplung
Getriebe:	4 Gänge
Rahmen:	Doppelschleifenrahmen aus Rundrohren
Radstand:	1314 mm
Federung vorn:	Telegabel
Federung hinten:	Doppelschwinge, 2 Federbeine
Reifen vorn:	2.50-18
Reifen hinten:	3.00-17
Bremse vorn:	Trommel
Bremse hinten:	Trommel
Leergewicht:	109 kg
Tankinhalt:	12 Liter
Höchstgeschw.:	110 km/h

Lodola 175 Sport

Ab 1958 nannte sich die Lodola »Sport« und hatte, um diese Bezeichnung zu rechtfertigen, mehr Leistung (11 PS bei 6500/min) und dazu auch größere Vollnaben-Trommelbremsen, die in der letzten Bauserie sogar poliert waren. Der Tankinhalt war auf 16 Liter angewachsen und mit einem verchromten Renndeckel versehen worden. Die 175er Klasse war für den italienischen Markt wichtig, fand aber in anderen Ländern nur wenig Anklang, was zur Folge hatte, dass die Lodola praktisch ausschließlich jenseits der Alpen verkauft wurde.

Motorrad:	Lodola 175 Sport
Produktionszeit:	1958 – 59
Motor:	1-Zyl OHC/2V
Hubraum:	174 cm^3
Bohrung x Hub:	62 x 57,8 mm
Verdichtung:	9:1
Leistung:	11 PS / 6500/min
Gemischaufber.:	Dell'Orto UB 22 BS2, Batteriezündung
Kupplung:	Mehrscheiben-Nasskupplung
Getriebe:	4 Gänge
Rahmen:	Doppelschleifenrahmen aus Rundrohren
Radstand:	1314 mm
Federung vorn:	Telegabel
Federung hinten:	Doppelschwinge, 2 Federbeine
Reifen vorn:	2.50-18
Reifen hinten:	3.00-17
Bremse vorn:	Trommel, Vollnabe, 180 mm
Bremse hinten:	Trommel, Vollnabe, 150 mm
Leergewicht:	109 kg
Tankinhalt:	16 Liter
Höchstgeschw.:	115 km/h

Lodola Gran Turismo

Als die Gran Turismo die Sport ablöste, war es nicht nur die Hubraumvergrößerung auf 235 cm³, sondern auch der Ventiltrieb, der sie vom Vormodell unterschied. Hier verzichtete das Werk auf die obenliegende Nockenwelle und baute statt dessen normale Stoßstangen und Kipphebel ein. Angeblich soll die obenliegende Nockenwelle mit der Zeit Probleme bereitet haben, weswegen man bei der nachfolgenden größeren Schwester auf diese Technik verzichtete. Die 235 hatte nicht mehr Leistung als die 175 Sport, wies dafür aber ein besseres Drehmoment auf. Die Werksgeländemaschinen, welche auf der 235 GT basierten, besaßen allerdings die obenliegende Nockenwelle und lieferten 14 PS. Es gab auch eine Geländeversion mit 247 Kubikzentimetern Hubraum und fünf Gängen.

Motorrad:	Lodola 235 Gran Turismo
Produktionszeit:	1959 – 66
Motor:	1-Zyl OHV/2V
Hubraum:	235 cm³
Bohrung x Hub:	68 x 64 mm
Verdichtung:	7,5:1
Leistung:	11 PS / 6000/min
Gemischaufber.:	Dell'Orto UB 22BS, Batteriezündung
Kupplung:	Mehrscheiben-Nasskupplung
Getriebe:	4 Gänge
Rahmen:	Doppelschleifenrahmen aus Rundrohren
Radstand:	1314 mm
Federung vorn:	Telegabel
Federung hinten:	Doppelschwinge, 2 Federbeine
Reifen vorn:	2.50-18
Reifen hinten:	3.00-17
Bremse vorn:	Trommel, 180 mm
Bremse hinten:	Trommel, 150 mm
Leergewicht:	115 kg
Tankinhalt:	16 Liter
Höchstgeschw.:	115 km/h

Stornello 125 Turismo

Die Stornello erschien 1960 als Großserienprodukt. Der verkümmerte Stoßstangenmotor mit flachem Brennraum und parallel liegenden Ventilen brachte nur geringe Leistung, gewann aber wegen der Optik (und des Preises) große Popularität und blieb 15 Jahre lang im Programm. Die Ventilauslegung erzwang die Verlegung des Vergaser nach links außen, während der Auspuffkrümmer nach rechts wanderte. Als im zweiten Modelljahr 1961 die 125 Sport eingeführt wurde, kam die Basis-Stornello in den Genuss des Modellnamens Turismo und (gleichzeitig) in den eines größeren Vergasers.

Motorrad:	Stornello 125 (Turismo)
Produktionszeit:	1960 – 68
Motor:	1-Zyl OHV/2V
Hubraum:	123,1 cm^3
Bohrung x Hub:	52 x 58 mm
Verdichtung:	8:1
Leistung:	7 PS / 7200/min
Gemischaufber.:	Dell'Orto ME 18 BS, Schwungradmagnet
Kupplung:	Mehrscheiben-Nasskupplung
Getriebe:	4 Gänge
Rahmen:	Doppelrohrrahmen, unten offen
Radstand:	1250 mm
Federung vorn:	Telegabel
Federung hinten:	Doppelschwinge
Reifen vorn:	2.50-17
Reifen hinten:	2.75-17
Bremse vorn:	Trommel
Bremse hinten:	Trommel
Leergewicht:	92 kg
Tankinhalt:	12,5 Liter
Höchstgeschw.:	100 km/h

Stornello Sport

Zwei Jahre nach der Vorstellung der ersten Stornello erschien Ende 1961 die Stornello Sport. Mit einer geänderten Brennraumform und anders gewinkelten Ventile steigerte sich die Motorleistung des kleinen Motors auf 8,5 PS. Die Optik folgte der typischen, italienischen Schule mit einem schön geformten Tank, Sportsitzbank, Alufelgen und kleinem Lenker. Beide Ausführungen dieser ersten Stornello wurden erst 1968 von der Stornello Nuovo abgelöst.

Motorrad:	Stornello Sport
Produktionszeit:	1960 – 68
Motor:	1-Zyl OHV/2V
Hubraum:	23,1 cm^3
Bohrung x Hub:	52 x 58 mm
Verdichtung:	9,8:1
Leistung:	8,5 PS / 7500/min
Gemischaufber.:	Dell'Orto UB 20B, Schwungradmagnet
Kupplung:	Mehrscheiben-Nasskupplung
Getriebe:	4 Gänge
Rahmen:	Doppelrohrrahmen, unten offen
Radstand:	1250 mm
Federung vorn:	Telegabel
Federung hinten:	Doppelschwinge
Reifen vorn:	2.50-17
Reifen hinten:	2.75-17
Bremse vorn:	Trommel
Bremse hinten:	Trommel
Leergewicht:	92 kg
Tankinhalt:	14,5 Liter
Höchstgeschw.:	110 km/h

Stornello Regolarita 125

Die über mehrere Jahre erfolgreiche Teilnahme an der Internationalen Sechstage-Fahrt in den 175er und 250er Klassen mit der Lodola und in der 125er-Kategorie mit modifizierten Stornello brachte Moto Guzzi in Italien sehr viel Reputation. Für das Jahr 1966 stellte dann das Werk eine echte Werksreplika vor, die Regolarita 125. Dieses Modell konnte damals direkt beim Händler bestellt werden, ist aber heute ein gesuchtes Motorrad und sehr selten.

Motorrad:	Stornello Regolarita 125
Produktionszeit:	1966
Motor:	1-Zyl OHV/2V
Hubraum:	123,1 cm^3
Bohrung x Hub:	52 x 58 mm
Verdichtung:	11,4:1
Leistung:	10,5 PS / 8000/min
Gemischaufber.:	Dell'Orto UB 22BS2, Batteriezündung
Kupplung:	Mehrscheiben-Nasskupplung
Getriebe:	4 Gänge
Rahmen:	Doppelschleifenrahmen, unten offen
Radstand:	1250 mm
Federung vorn:	Telegabel
Federung hinten:	Doppelschwinge
Reifen vorn:	2.50-19
Reifen hinten:	3.00-19
Bremse vorn:	Trommel, 180 mm
Bremse hinten:	Trommel, 150 mm
Leergewicht:	95 kg
Tankinhalt:	unbekannt
Höchstgeschw.:	100 km/h

Stornello 125 Scrambler America, Sport America

Diese beiden Modelle waren technisch identisch, wiesen aber eine neue Optik auf und ersetzten 1967 die Modelle Stornello und Stornello Sport. Mit Ausnahme der Sitzbank stammten aber die meisten Anbauteile von den zwei Vorgänger-Modellen: der Tank etwa von der Basisausführung oder die Schutzbleche von der Sport. Die Scrambler America hatte jedoch einen dickeren Hinterreifen und einen hoch gelegten Auspuff. Die offiziellen Leistungsangaben waren zwar etwas besser als zuvor, doch die technischen Daten des Motors wie auch die Brennraumform unterschieden sich nicht von den Vorgängern, was diesen Leistungszuwachs eher fraglich sein lässt.

Motorrad:	Stornello Sport America (Scrambler America)
Produktionszeit:	1967 – 69
Motor:	1-Zyl OHV/2V
Hubraum:	123,1 cm^3
Bohrung x Hub:	52 x 58 mm
Verdichtung:	9,8:1
Leistung:	12 PS/
Gemischaufber.:	Dell'Orto UB 20B, Batteriezündung
Kupplung:	Mehrscheiben-Nasskupplung
Getriebe:	4 Gänge
Rahmen:	Doppelschleifenrahmen, u. offen
Radstand:	1250 mm
Federung vorn:	Telegabel
Federung hinten:	Doppelschwinge
Reifen vorn:	2.50-17 (2.75-17)
Reifen hinten:	2.75-17 (3.00-17)
Bremse vorn:	Trommel
Bremse hinten:	Trommel
Leergewicht:	93 kg (95 kg)
Tankinhalt:	12,5 Liter
Höchstgeschw.:	110 km/h (100 km/h)

Stornello 125 Nuovo

Zusammen mit der 160 Stornello wurde auch die kleine Schwester zum Modelljahr 1971 aktualisiert. Diese letzte Stornello-Generation lehnte sich technisch und optisch sehr an die neue V7-Baureihe an und war vorwiegend in weißer Lackierung mit rotem Rahmen erhältlich. Die größte technische Innovation aber bestand im Fünfganggetriebe. Auch die Optik des Motors hatte sich verändert, aber – abgesehen von den gewinkelten Ventilen – nicht viel am Inhalt. Für kurze Zeit gab es auch eine Scrambler-Version.

Motorrad:	Stornello 125 Nuovo
Produktionszeit:	1970 – 75
Motor:	1-Zyl OHV/2V
Hubraum:	123,1 cm^3
Bohrung x Hub:	52 x 58 mm
Verdichtung:	9,8:1
Leistung:	12 PS
Gemischaufber.:	Dell'Orto VHB 22 BS, Schwungradmagnet
Kupplung:	Mehrscheiben-Nasskupplung
Getriebe:	5 Gänge
Rahmen:	Doppelschleifenrahmen, u. offen
Radstand:	1250 mm
Federung vorn:	Telegabel
Federung hinten:	Doppelschwinge
Reifen vorn:	2.50-17
Reifen hinten:	2.75-17
Bremse vorn:	Trommel
Bremse hinten:	Trommel
Leergewicht:	100 kg
Höchstgeschw.:	110 km/h

Stornello 160 Nuovo

Bei der 1968 eingeführten 160 Stornello handelte es sich im Prinzip lediglich um eine auf 58 mm aufgebohrte 125er, die ansonsten mit dem kleineren Modell identisch war. Sie bekam als erste Guzzi den neuen Wechselstromgenerator und dazu eine etwas größere vordere Trommelbremse. Die Modellpflege führte zum Modelljahr 1971 zu einer Maschine mit völlig neuer Optik, der Stornello Nuovo. Abgesehen vom Unterschied im Hubraum war sie mit der Nuovo 125 identisch.

Motorrad:	Stornello 160 (Nuovo)
Produktionszeit:	1968 – 74
Motor:	1-Zyl OHV/2V
Hubraum:	153,2 cm^3
Bohrung x Hub:	58 x 58 mm
Verdichtung:	9:1
Leistung:	13,8 PS
Gemischaufber.:	Dell'Orto UB 20B (VHB 22BS), Schwungradmagnet
Kupplung:	Mehrscheiben-Nasskupplung
Getriebe:	4 Gänge (5 Gänge)
Rahmen:	Doppelschleifenrahmen, u. offen
Radstand:	1250 mm
Federung vorn:	Telegabel
Federung hinten:	Doppelschwinge
Reifen vorn:	2.50-17
Reifen hinten:	2.75-17
Bremse vorn:	Trommel, 157 mm
Bremse hinten:	Trommel
Leergewicht:	107 kg
Höchstgeschw.:	117 km/h

Falcone Nuovo

Die letzte zivile Falcone wurde offiziell 1967 ausgeliefert. Danach gab es das traditionsreiche Modell nur noch als Behördenmodell. Treue Markenfans gaben sich damit aber nicht zufrieden und forderten einen großen Single. Und sie bekamen ihn auch. In den ersten beiden Produktionsjahren (1969 und 1970) war sie vorerst nur als Behördenmaschine erhältlich, um dann 1971 auch im zivilen Dress zu erscheinen. Der neue Motor hatte Nassschmierung, eine große Ölwanne und wirkte sehr aufgeräumt. Die Nennleistung betrug 26 PS; der Doppelschleifenrahmen hatte viele Merkmale mit den späteren V7 Sport und Le Mans gemein. 1974 war mit der Sahara das bisherige Militärmodell auch für normale Kunden erhältlich. Die Falcone-Varianten verschwanden Ende 1976 endgültig aus dem Programm.

Motorrad:	Falcone Nuovo
Produktionszeit:	1971 – 76
Motor:	1-Zyl OHV/2V
Hubraum:	498,4 cm^3
Bohrung x Hub:	88 x 82 mm
Verdichtung:	6,8:1
Leistung:	26,2 PS / 4800/min
Gemischaufber.:	Dell'Orto VHB 29 A, Batteriezündung
Kupplung:	Mehrscheiben-Nasskupplung
Getriebe:	4 Gänge
Rahmen:	Doppelschleifenrahmen aus Rundrohren
Radstand:	1450 mm
Federung vorn:	Telegabel
Federung hinten:	Doppelschwinge
Reifen vorn:	3.25-18
Reifen hinten:	3.50-18
Bremse vorn:	Duplextrommel
Bremse hinten:	Trommel
Leergewicht:	214 kg
Höchstgeschw.:	128 km/h

V7

Die V7 sollte als Behördenmaschine vor allem der italienischen Polizei dienen, zeigte aber sehr bald nach der Fertigstellung ihre Qualitäten als Tourenmotorrad. Daraufhin wurde zum Modelljahr 1967 eine zivile Version mit 703,7 cm^3 Hubraum und (nach DIN) 42 PS bei 6400/min angeboten. Abgesehen von der V-Auslegung des Zweizylinders erinnerte die V7-Technik der von BMW vorgegebenen Richtung. Diese erste Baureihe war sehr dezent lackiert mit rotem Tank und verchromten Knieabschlüssen. Seitendeckel, Werkzeugtaschen und Schutzbleche glänzten silbrig. Abgesehen vom stabil ausgelegten Rahmen zeigten sich die Tourenfahrer vor allem von der leistungsfähigen Elektrik beeindruckt: Die 32-Ah-Batterie war der größte Stromspeicher der damaligen Zweiradwelt, und die 300 Watt starke Lichtmaschine samt Zündung kam direkt von der Automobilindustrie. Bis Juli 1969 wurde dieses erste Modell gebaut.

Motorrad:	V7
Produktionszeit:	1967 – 69
Motor:	2-Zyl V-Motor OHV/2 V
Hubraum:	703,7 cm^3
Bohrung x Hub:	80 x 70 mm
Verdichtung:	9:1
Leistung:	42 PS / 6400/min
Gemischaufber.:	2 x Dell'Orto SSI 29 DS (D), Kontakte
Kupplung:	Doppelscheibe
Getriebe:	4 Gänge
Rahmen:	Rundrohrrahmen aus Stahl
Radstand:	1445 mm
Federung vorn:	Telegabel
Federung hinten:	Doppelschwinge, 2 Federbeine
Reifen vorn:	4.00-18
Reifen hinten:	4.00-18
Bremse vorn:	Duplex-Trommel, 220 mm
Bremse hinten:	Trommel, 220 mm
Leergewicht:	243 kg
Tankinhalt:	20 Liter
Höchstgeschw.:	164 km/h

V7 Special

Im Juli 1969 begann die Geschichte der V7 Special: mit 757,5 Kubikzentimetern Hubraum, 22,5 Liter großem Tank und einer ausgefallenen weißen Lackierung. Technisch blieb der Motor mit seinen verchromten Laufbuchsen in den Aluzylindern und identischen Steuerzeiten unverändert. Neu waren aber das Getriebe und die zusätzliche Verstärkungsrippe am Kurbelgehäuse links und rechts unterhalb der Zylinder. Neue Flachschiebervergaser (mit Beschleunigungspumpen) von Dell'Orto verbesserten die Laufkultur. Die letzten V7 hatten ebenfalls diese Vergaser. Die Instrumentierung wurde um einen Drehzahlmesser erweitert. Die Seitendeckel waren größer und deckten nun auch den Luftfilter ab. Der Übergang in der Produktion war fließend, es gab Zwischenmodelle mit dem neuen Tank, jedoch mit alten Seitendeckeln und der alten Instrumentierung. Hierbei handelte es sich meist um US-Modelle, die unter der Bezeichnung Ambassador vermarktet wurden. Auch Europa-Modelle wurden gelegentlich so beworben, an den Motorrädern selbst tauchte diese Bezeichnung aber nicht auf. Je nach Zulieferer, gab es V7 und V7 Special mit großen oder kleinen Schalldämpfer-Mündungen und verschiedenen Rücklichtern (breit und eckig bzw. klein und rund).

Motorrad:	V 7 Special	**Radstand:**	1470 mm
Produktionszeit:	1969 – 1971	**Federung vorn:**	Telegabel
Motor:	2-Zyl V-Motor OHV/2V	**Federung hinten:**	Doppelschwinge, 2 Federbeine
Hubraum:	757,5 cm³		
Bohrung x Hub:	83 x 70 mm	**Reifen vorn:**	4.00-18
Verdichtung:	9:1	**Reifen hinten:**	4.00-18
Leistung:	51 PS / 6500/min	**Bremse vorn:**	Duplex-Trommel, 220 mm
Gemischaufber.:	Dell'Orto VHB 29, Kontakte	**Bremse hinten:**	Trommel, 220 mm
Kupplung:	Doppelscheibe	**Leergewicht:**	246 kg
Getriebe:	4 Gänge	**Tankinhalt:**	22,5 Liter
Rahmen:	Rundrohrrahmen aus Stahl	**Höchstgeschw.:**	172 km/h

V 850 GT

Zum Dezember 1971 erlebte die V7 einen Facelift. Der Hubraum wuchs auf 844 cm^3 und das Getriebe bekam fünf Gänge. Optisch war die jetzige 850er durch die Waffelrippen am Kurbelgehäuse leicht zu identifizieren; auch das neue Getriebe hatte Rippenverstärkungen am Gehäuse. Die Hubraumvergrößerung entstand durch eine Verlängerung des Hubes. Getriebe- und Kurbelgehäuse teilte sich die GT mit der gleichzeitig entwickelten V7 Sport. Auch das vergrößerte Gehäuse des Hinterradantriebs (das mehr Öl fasste) war das der Sport. Größerer Bedeutung im Alltagsbetrieb kam wahrscheinlich der Doppelduplexbremse im Vorderrad zu, die aber im November 1973 einer Scheibenbremse wich – was die V 850 GT zur ersten Guzzi überhaupt mit dieser Bremsanlage machte.

Motorrad:	GT 850
Produktionszeit:	1972 – 74
Motor:	2-Zyl V-Motor OHV/2V
Hubraum:	844,05 cm^3
Bohrung x Hub:	83 x 78 mm
Verdichtung:	9:1
Leistung:	55 PS / 6100/min
Gemischaufber.:	Dell'Orto VHB 29, Kontakte
Kupplung:	Doppelscheibe
Getriebe:	5 Gänge
Rahmen:	Rundrohrrahmen aus Stahl
Radstand:	1470 mm
Federung vorn:	Telegabel
Federung hinten:	Doppelschwinge, 2 Federbeine
Reifen vorn:	4.00-18
Reifen hinten:	4.00-18
Bremse vorn:	Duplex-Trommel, 220 mm, ab Nov. 1973: 300 mm Scheibe
Bremse hinten:	Trommel, 220 mm
Leergewicht:	249 kg
Tankinhalt:	22,5 Liter
Höchstgeschw.:	174 km/h

California 850

Mittlerweile hatten sich die V-Zweizylinder-Modelle auf dem Markt etabliert, die Verkaufszahlen waren anständig. Die 850 GT verkaufte sich insbesondere in den USA ganz gut, und von dort kam auch der Wunsch nach einem entsprechenden Modell. Diese nach amerikanischem Muster aufgebaute Guzzi 850 »California« war technisch mit der 850 GT identisch. Erst die Zutaten machten den Unterschied: Trittbretter für den Fahrer, Windschutzscheibe, eine schwungvolle, zweifarbige Sitzbank, Riesenlenker und Sturzbügel in doppelter Ausführung vorn wie hinten verliehen dieser Guzzi den typisch amerikanischen Flair.

Motorrad:	GT 850
Produktionszeit:	1972 – 74
Motor:	2-Zyl V-Motor OHV/2V
Hubraum:	844,05 cm^3
Bohrung x Hub:	83 x 78 mm
Verdichtung:	9:1
Leistung:	55 PS / 6100/min
Gemischaufber.:	Dell'Orto VHB 29, Kontakte
Kupplung:	Doppelscheibe
Getriebe:	5 Gänge
Rahmen:	Rundrohrrahmen aus Stahl
Radstand:	1470 mm
Federung vorn:	Telegabel
Federung hinten:	Doppelschwinge, 2 Federbeine
Reifen vorn:	4.00-18
Reifen hinten:	4.00-18
Bremse vorn:	Duplex-Trommel, 220 mm, ab Nov. 1973: 300 mm Scheibe
Bremse hinten:	Trommel, 220 mm
Leergewicht:	249 kg
Tankinhalt:	22,5 Liter
Höchstgeschw.:	174 km/h

V7 Sport

Rennfanatiker und Konstrukteur Lino Tonti zeichnete diese erste moderne Sportmaschine von Moto Guzzi. Im September 1971 als Langstreckenmaschine beim Bol d'Or eingesetzt, erlangte sie bald den Ruf als die italienische Sportmaschine schlechthin; die Änderungen betrafen vor allem Rahmen und Motor (dessen Drehstrom-Generator am vorderen Ende der Kurbelwelle saß). Daneben verliehen eine schärfere Nockenwelle sowie verschiedene Motor-Innereien in Leichtbauweise dem Sport-Konzept die rechte Würze. Das Getriebe war enger gestuft und der Hinterradantrieb länger übersetzt. Die ersten V7 Sport entstand in penibler Handarbeit in der Versuchs- und Rennabteilung, 150 Maschinen wurden dort mit dünnwandigen Chrom-Molybdän-Rohren aufgebaut. Weitere 50 (die Angaben sind hier unklar) wurden als Homologationsexemplare ausgeliefert, entsprachen aber nicht in jedem Fall den ersten 150 Exemplaren. Die meisten hatten jedoch das Getriebegehäuse der V7 ohne Rippenverstärkungen. Die Fahrgestellnummern wurden anscheinend völlig planlos vergeben. Alle 200 Sport hatten aber den gleichen, rot lackierten Rahmen, und böse Zungen behaupten, heute existierten 500 dieser ersten 200 ... Die Serie hatte einen schwarzen Rahmen und, im zweiten Halbjahr 1973, ein Tankemblem aus Metall.

Motorrad:	V 7 Sport
Produktionszeit:	1972 – 74
Stückzahl:	879
Motor:	2-Zyl V-Motor OHV/2 V
Hubraum:	748,4 cm^3
Bohrung x Hub:	82,5 x 70 mm
Verdichtung:	9,8:1
Leistung:	62 PS / 7250/min
Gemischaufber.:	Dell'Orto VHB 30, Kontakte
Kupplung:	Doppelscheibe
Getriebe:	5 Gänge

Rahmen:	Rundrohrrahmen, Unterzüge demontierbar
Radstand:	1470 mm
Federung vorn:	Telegabel
Federung hinten:	Doppelschwinge, 2 Federbeine
Reifen vorn:	3.25H18
Reifen hinten:	3.50H18
Bremse vorn:	Doppel-Duplex, 220 mm
Bremse hinten:	Trommel, 220 mm
Leergewicht:	225 kg
Tankinhalt:	22,5 Liter
Höchstgeschw.:	206 km/h

750 S

Als die Sport im Februar 1974 zur 750 S mutierte, fiel vor allem die neue vordere Bremsanlage mit zwei großen Bremsscheiben und Brembo-Zangen auf. Größere Bedeutung hatten aber die Änderungen im Motor-Inneren: Die Steuer-Stirnräder wurden von einer über drei Zahnräder laufenden Steuerkette ersetzt, die auch die Ölpumpe antrieb. Ab jetzt wurden aus Kostengründen alle großen V-Zweizylinder so ausgestattet. Überdies hatte sie größere Seitendeckel und eine auffällige Tanklackierung mit diagonal, quer über den Tank verlaufenden Streifen. Gut 1000 Stück wurden in zwölf Monaten gebaut, bis sie Anfang 1975 von der 750 S3 abgelöst wurde.

Motorrad:	750 S
Produktionszeit:	Feb. 1974 – Jan. 1975
Stückzahl:	1059
Motor:	2-Zyl V-Motor OHV/2V
Hubraum:	748,4 cm^3
Bohrung x Hub:	82,5 x 70 mm
Verdichtung:	9,8:1
Leistung:	62 PS / 7250/min
Gemischaufber.:	Dell'Orto VHB 29, Batteriezündung, Kontakte
Kupplung:	Doppelscheibe
Getriebe:	5 Gänge
Rahmen:	Rundrohrrahmen, Unterzüge demontierbar
Radstand:	1470 mm
Federung vorn:	Telegabel
Federung hinten:	Doppelschwinge, 2 Federbeine
Reifen vorn:	3.25H18
Reifen hinten:	3.50H18
Bremse vorn:	Doppelscheibe, 300 mm
Bremse hinten:	Trommel, 220 mm
Leergewicht:	225 kg
Tankinhalt:	22,5 Liter
Höchstgeschw.:	206 km/h

750 S3

Motorrad:	750 S3
Produktionszeit:	Anf. 1975 – 76
Stückzahl:	927
Motor:	2-Zyl V-Motor OHV/2V
Hubraum:	748,4 cm³
Bohrung x Hub:	82,5 x 70 mm
Verdichtung:	9,8:1
Leistung:	62 PS / 6900/min
Gemischaufber.:	Dell'Orto VHB 30, Batteriezündung, Kontakte
Kupplung:	Doppelscheibe
Getriebe:	5 Gänge
Rahmen:	Rundrohrrahmen, Unterzüge demontierbar
Radstand:	1470 mm
Federung vorn:	Telegabel
Federung hinten:	Doppelschwinge, 2 Federbeine
Reifen vorn:	3.25H18
Reifen hinten:	3.50H18
Bremse vorn:	Doppelscheibe 300 mm, Integralbremse
Bremse hinten:	Scheibe, 242 mm
Leergewicht:	230 kg
Tankinhalt:	22,5 Liter
Höchstgeschw.:	206 km/h

Die Bezeichnung S3 kam nicht von der Reihenfolge in der Baugruppe, sondern von den drei Bremsscheiben, mit denen dieses Modell ausgestattet war. (Die S hatte noch eine Trommel hinten.) Der Motor war der erste mit einer richtigen Ölfilterpatrone in der Ölwanne, die Vorgänger hatten nur ein Sieb gehabt. Auch die Kapazität der Ölpumpe wurde verbessert. Optisch fielen die neue Blinkanlage und die Seitendeckel der 850 T auf. Eine besser abgedichtete Auspuffanlage kam ebenfalls zum Einsatz, was aber leider das Drehmoment reduzierte. Mit den drei Bremsscheiben kam auch Guzzis erste Integralbremse, bei der das Bremspedal eine Vorderscheibe und die Hinterscheibe abbremst, der Hebel am Lenker nur die zweite Scheibe vorn. Ein Druckregler verteilte die Bremskraft so, dass das Hinterrad vor dem Vorderrad blockiert. Typisches Merkmal der S3: Die Auspuffkrümmer waren jetzt mit zwei Bolzen gesichert und nicht mehr mit einer Überwurfmutter. Weniger als 1000 Stück wurden von dieser Ausführung gebaut und dann von der ersten Le Mans abgelöst.

1000 S

Fünfzehn Jahre nach der Einstellung der klassischen Sportreihe war die Zeit wieder reif für einen Sportler. Die 1000 S erschien zum Modelljahr 1990. Sie entstand auf deutsche Initiative hin und entsprach technisch der damaligen Le Mans V. Tank, Sitzbank und Scheinwerfer waren im Stil der alten S/S3 gehalten. Wegen der Zulassungsvorschriften wirkte der Motor im unteren Drehzahlbereich etwas lethargisch, oben hinaus entwickelte er jedoch ein erstaunlich fülliges Drehmoment, und die Spitzenleistung der ersten Baureihe betrug stolze 81 PS. Die letzte Bauserie wurde, wegen noch schärferer Vorschriften, auf 71 PS reduziert – im Grunde war das der Spada III-Motor mit kleineren Vergasern. Diese Kombination wurde aber vielfach als harmonischer bezeichnet. In Deutschland gab es die 1000 S wahlweise auch mit Speichenrädern.

Motorrad:	1000 S
Produktionszeit:	1990 – 93
Motor:	2-Zyl V-Motor OHV/2V
Hubraum:	948 cm³
Bohrung x Hub:	88 x 78 mm
Verdichtung:	9,8 :1
Leistung:	81 PS / 7400/min
Gemischaufber.:	Dell'Orto PHM 40, Kontakte
Kupplung:	Doppelscheibe
Getriebe:	5 Gänge
Rahmen:	Rundrohrrahmen, Unterzüge demontierbar
Radstand:	1485 mm
Federung vorn:	Telegabel
Federung hinten:	Doppelschwinge, 2 Federbeine
Reifen vorn:	100/90V18
Reifen hinten:	120/90V18
Bremse vorn:	Doppelscheibe, 270 mm
Bremse hinten:	Scheibe, 270 mm
Leergewicht:	240 kg
Tankinhalt:	22,5 Liter
Höchstgeschw.:	210 km/h

850 Le Mans I

Die Le Mans war der Nachfolger der 750er Sport-Reihe: Im Prinzip handelte es sich dabei um den Motor aus dem 850er-Tourer, versehen mit größeren Ventilen, höherer Verdichtung, größeren Vergasern und neuem Auspuff. Die Nockenwelle hatte die gleichen Steuerzeiten wie die 850 T3. Das Fahrgestell kam fast unverändert von der 750 S3. Das erste Baujahr (1976) besaß eine Einzelsitzbank, die im Januar 1977 durch einen Doppelsitz ersetzt und mit einem neuen Rücklicht ergänzt wurde. Die ersten zwei Baujahre hatten einen verchromten Deckel über der Lichtmaschine, die bei langen, schnellen Etappen für Überhitzung und Zusammenbruch der Elektrik sorgte. 1978 ersetzte ihn ein Kunststoffteil mit Luftschlitzen. Über 1100 Stück der nachträglich »I« getauften Le Mans wurden in Deutschland verkauft.

Motorrad:	850 Le Mans (I)
Produktionszeit:	1976 – 78
Stückzahl:	1929
Motor:	2-Zyl V-Motor OHV/2V
Hubraum:	844 cm^3
Bohrung x Hub:	83 x 78 mm
Verdichtung:	10,2:1
Leistung:	70 PS / 7300/min
Gemischaufber.:	Dell'Orto PHF 36, Kontakte
Kupplung:	Doppelscheibe
Getriebe:	5 Gänger
Rahmen:	Rundrohrrahmen, Unterzüge demontierbar
Radstand:	1470 mm
Federung vorn:	Telegabel
Federung hinten:	Doppelschwinge, 2 Federbeine
Reifen vorn:	3.50H18
Reifen hinten:	4.00H18
Bremse vorn:	Doppelscheibe, 300 mm
Bremse hinten:	Scheibe, 242 mm
Leergewicht:	225 kg
Tankinhalt:	22,5 Liter
Höchstgeschw.:	206 km/h

Le Mans II

Die zweite Ausführung der Le Mans, bei der Einführung schon Le Mans II genannt, erhielt nicht überall gute Noten. Die etwas gewöhnungsbedürftige Verkleidung mit rahmenfestem Unterteil und lenkerfestem Oberteil verursachte bei höheren Geschwindigkeiten oft Fahrwerksunruhen. Kurz nach der Einführung wurde deshalb die untere Gabelbrücke verändert. Ende 1980 modifizierte man auch die Gabel, unter anderem erhielt sie Luftunterstützung. Da viele der Le Mans II mit anderen Verkleidungen umgerüstet worden waren (einige auch in Le Mans I umgebaut), bildet die Platzierung der vorderen Bremszangen die beste Identifizierungsmöglichkeit: Nur bei der »II« befinden sie sich nämlich hinter den Tauchrohren der Gabel. Die Motorleistung war höher als bei der ersten Le Mans. Ein Sondermodell mit fast 1000 cm^3 Hubraum, Graugusszylindern und 40er Dell'Orto-Vergasern verkaufte sich in Deutschland 150 Mal.

Motorrad:	Le Mans II
Produktionszeit:	1979 – 80
Stückzahl:	11.045
Motor:	2-Zyl V-Motor OHV/2V
Hubraum:	844,05 cm^3
Bohrung x Hub:	83 x 78 mm
Verdichtung:	10,2:1
Leistung:	73 PS / 7700/min

Gemischaufber.:	Dell'Orto PHF 36, Kontakte		**Reifen vorn:**	100/90V18
Kupplung:	Doppelscheibe		**Reifen hinten:**	110/90V18
Getriebe:	5 Gänge		**Bremse vorn:**	Doppelscheibe, 300 mm
Rahmen:	Rundrohrrahmen, Unterzüge demontierbar		**Bremse hinten:**	Scheibe, 242 mm
Radstand:	1470 mm		**Leergewicht:**	238 kg
Federung vorn:	Telegabel		**Tankinhalt:**	22,5 Liter
Federung hinten:	Doppelschwinge, 2 Federbeine		**Höchstgeschw.:**	208 km/h

Le Mans III

Unter Kennern als die beste der 850er Le Mans bekannt, hatte die Le Mans III einen gründlich überarbeiteten Motor, der an den eckigen Zylinderpaketen samt den dazu gehörigen Ventildeckeln zu erkennen war. Der Ventilmechanismus stand jetzt auf einem Lagerbock aus Alu, was letztendlich den Geräuschpegel – ein bekannter Kritikpunkt – verringerte. Mit dem neuen, leiseren Auspuff und einem größeren Luftfiltersystem wurde der Motor nicht nur leiser, sondern auch stärker. Fahrwerk, Getriebe und Rahmen wurden vom Vorgänger unverändert übernommen. In Deutschland wurden über 2500 »III« verkauft. Davon waren etwa 80 Stück mit Schmiedekolben (90 mm), schärferer Nockenwelle und 90 PS Leistung als »DMB-Le Mans III« ausgeliefert worden.

Motorrad:	Le Mans III
Produktionszeit:	1981 – 84
Stückzahl:	9589
Motor:	2-Zyl V-Motor OHV/2V
Hubraum:	844,05 cm^3
Bohrung x Hub:	83 x 78 mm
Verdichtung:	9,8:1
Leistung:	76 PS / 7700/min
Gemischaufber.:	Dell'Orto PHF 36, Kontakte
Kupplung:	Doppelscheibe
Getriebe:	5 Gänge
Rahmen:	Rundrohrrahmen, Unterzüge demontierbar
Radstand:	1505 mm
Federung vorn:	Telegabel
Federung hinten:	Doppelschwinge, 2 Federbeine
Reifen vorn:	100/90V18
Reifen hinten:	110/90V18
Bremse vorn:	Doppelscheibe, 300 mm
Bremse hinten:	Scheibe, 242 mm
Leergewicht:	240 kg
Tankinhalt:	25 Liter
Höchstgeschw.:	205 km/h

Le Mans IV

Nicht nur der Hubraum wuchs mit dieser vierten Generation der Le Mans, sondern auch die Ventildurchmesser. Die Nockenwelle hatte schärfere Steuerzeiten und die früher zu Tuningzwecken eingesetzten 40er Dell'Orto gehörten hier zur Serienausstattung. Leistung und Drehmoment bot die »IV« satt. Auch die Gabel wurde dicker, das Vorderrad im Durchmesser hingegen verringert. Es maß jetzt 16 Zoll. Merkwürdigerweise waren die Bremsscheiben ebenfalls kleiner geworden. Fahrwerksunruhen bescherten der »IV« schon nach einem Jahr neue Gabelbrücken, was weniger Radstand aber einen längeren Nachlauf zur Folge hatte. Die modifizierte Gabel (ohne Luftunterstützung) trug mit dazu bei. Beide wurden als kostenlose Nachrüstung angeboten, und später kam mit Preiszuschlag ein 18-Zoll-Vorderrad dazu. Die geschwungene Sitzbank war typisches Merkmal dieser Modellreihe.

Motorrad:	Le Mans IV
Produktionszeit:	1985 – 87
Motor:	2-Zyl V-Motor OHV/2V
Hubraum:	948,8 cm^3
Bohrung x Hub:	88 x 78 mm
Verdichtung:	10:1
Leistung:	81 PS / 7500/min
Gemischaufber.:	Dell'Orto PHM 40, Kontakte
Kupplung:	Doppelscheibe
Getriebe:	5 Gänge
Rahmen:	Rundrohrrahmen, Unterzüge demontierbar
Radstand:	1514 mm
Federung vorn:	Telegabel
Federung hinten:	Doppelschwinge, 2 Federbeine
Reifen vorn:	120/80V16
Reifen hinten:	130/80V18
Bremse vorn:	Doppelscheibe, 270 mm
Bremse hinten:	Scheibe, 270 mm
Leergewicht:	244 kg
Tankinhalt:	24 Liter
Höchstgeschw.:	207 km/h

Le Mans V

Ein wesentlicher Kritikpunkt an der Le Mans IV war das 16-Zoll-Vorderrad gewesen, das in jener Zeit an praktisch allen Sportmaschinen zu finden war. Dieser Modetrend erwies sich aber wegen der damit verbundenen Nachteile im Fahrverhalten nur als kurzlebig; mit der Le Mans V zog Guzzi daraus die Konsequenzen. Eigentlich hatte diese letzte Le Mans daher nur zwei Neuerungen aufzuweisen: Sie wurde serienmäßig mit 18-Zoll-Vorderrad ausgeliefert und beide Reifen, vorn wie hinten, fielen etwas breiter aus. Dazu kam dann noch die größere, rahmenfeste Verkleidung, welche an die kleine Cockpitverkleidung der Le Mans III und Le Mans IV erinnerte. Technisch war sie ansonsten mit der Le Mans IV identisch. Zugleich war sie die letzte Guzzi, die diesen ruhmreichen Namen trug.

Motorrad:	Le Mans V
Produktionszeit:	1988 – 92
Motor:	2-Zyl V-Motor OHV/2V
Hubraum:	948,8 cm^3
Bohrung x Hub:	88 x 78 mm
Verdichtung:	9,8:1
Leistung:	81 PS / 7400/min
Gemischaufber.:	Dell'Orto PHM 40, Kontakte
Kupplung:	Doppelscheibe
Getriebe:	5 Gänge
Rahmen:	Rundrohrrahmen, Unterzüge demontierbar
Radstand:	1514 mm
Federung vorn:	Telegabel
Federung hinten:	Doppelschwinge, 2 Federbeine
Reifen vorn:	100/90V18
Reifen hinten:	120/90V18
Bremse vorn:	Doppelscheibe, 270 mm
Bremse hinten:	Scheibe, 270 mm
Leergewicht:	248 kg
Tankinhalt:	24 Liter
Höchstgeschw.:	209 km/h

850 T

Die 850 T entsprach fahrwerkstechnisch der 750 S, hatte jedoch nur eine Bremsscheibe vorn. Die optische Unterschiede begrenzten sich auf den runderen Benzintank und die langgezogene Sitzbank. Wesentlicher waren die Unterschiede am Motor, der dem der 850 GT entsprach, aber mit etwas größeren Vergasern bestückt war und so 3 PS mehr Leistung aufwies. Bei diesem Modell wurde erstmals eine Blinkanlage serienmäßig mitgeliefert. Technisch neu war die Ölfilterpatrone in der Ölwanne, wie beim entsprechenden Schwestermodell der S-Reihe.

Motorrad:	850 T
Produktionszeit:	1974 – 75
Stückzahl:	2682
Motor:	2-Zyl V-Motor OHV/2V
Hubraum:	844,05 cm^3
Bohrung x Hub:	83 x 78 mm
Verdichtung:	9,5:1
Leistung:	57 PS / 6500/min
Gemischaufber.:	Dell'Orto VHB 30, Kontakte
Kupplung:	Doppelscheibe
Getriebe:	5 Gänge
Rahmen:	Rundrohrrahmen, Unterzüge demontierbar
Radstand:	1470 mm
Federung vorn:	Telegabel
Federung hinten:	Doppelschwinge, 2 Federbeine
Reifen vorn:	3.50H18
Reifen hinten:	4.10H18
Bremse vorn:	Scheibe, 300 mm
Bremse hinten:	Trommel, 220 mm
Leergewicht:	235 kg
Tankinhalt:	25 Liter
Höchstgeschw.:	184 km/h

850 T3

Zusammen mit der Sportmaschine S3 wurde auch die Tourerreihe mit der 850 T3 aufgerüstet. Die Zahl »3« deutete wieder auf die mit drei Bremsscheiben ausgestattete Bremsanlage mit Integralfunktion hin. Sonst waren nur Kleinigkeiten zu finden: Schwarze Schalldämpfer, höherer Lenker und Papierluftfilter. Gegen Ende der Produktion (offiziell 1980) kamen Gussräder hinzu und eine Zeit lang vermischten sich die Modellreihen T3 und T4, was bedeuten kann, dass eine T3 die späteren, verchromten und etwas nach oben gezogenen Schalldämpfer der T4 hat.

Motorrad:	850 T 3
Produktionszeit:	1975 – 1980
Stückzahl:	Keine Angabe
Motor:	2-Zyl V-Motor OHV/2V
Hubraum:	844,05 cm^3
Bohrung x Hub:	83 x 78 mm
Verdichtung:	9,5:1
Leistung:	59 PS / 6900/min
Gemischaufber.:	Dell'Orto VHB 30, Kontakte
Kupplung:	Doppelscheibe
Getriebe:	5 Gänge
Rahmen:	Rundrohrrahmen, Unterzüge demontierbar
Radstand:	1470 mm
Federung vorn:	Telegabel
Federung hinten:	Doppelschwinge, 2 Federbeine
Reifen vorn:	3.50H18
Reifen hinten:	4.10H18
Bremse vorn:	Doppelscheibe, 300 mm
Bremse hinten:	Scheibe, 242 mm
Leergewicht:	242 kg
Tankinhalt:	24 Liter
Höchstgeschw.:	187 km/h

850 T4

Die T4 sollte für diese Modellreihe der letzte Motor mit den alten runden Zylindern werden. Die Produktion erfolgte parallel zu derjenigen der V 1000 SP, und daher kam auch T4 in den Genuss der besser gepolsterten Sitzbank. Die Gussräder waren schon im letzten Produktionsjahr der 850 T3 zu finden gewesen, daher hielt sich der Neuheiten-Wert der T4 in engen Grenzen. Bald nach Serienanlauf wurden die Zylinder nikasilbeschichtet; sie waren nicht mehr verchromt – was die Klagen über ein gelegentliches Abblättern des Chromes verstummen ließen.

Motorrad:	850 T 4
Produktionszeit:	1980 – 83
Stückzahl:	keine Angabe
Motor:	2-Zyl V-Motor OHV/2V
Hubraum:	844,05 cm^3
Bohrung x Hub:	83 x 78 mm
Verdichtung:	9,5:1
Leistung:	59 PS / 6900/min
Gemischaufber.:	Dell'Orto VHB 30, Kontakte
Kupplung:	Doppelscheibe
Getriebe:	5 Gänge
Rahmen:	Rundrohrrahmen, Unterzüge demontierbar
Radstand:	1480 mm
Federung vorn:	Telegabel
Federung hinten:	Doppelschwinge, 2 Federbeine
Reifen vorn:	3.50H18
Reifen hinten:	4.25/85H18
Bremse vorn:	Doppelscheibe, 300 mm
Bremse hinten:	Scheibe, 242 mm
Leergewicht:	254 kg
Tankinhalt:	24 Liter
Höchstgeschw.:	173 km/h

850 T5

Mit der T5, der vierten Ausführung der T-Reihe (es gab nie eine »2-«), kam 1983 der modernere 850er Motor mit den viereckigen Zylinderpaketen und deutlich erhöhter Motorleistung zum Einsatz. Viel Plastik in eigensinnig geformten Linien und modische 16-Zoll-Räder sollten den Aufbruch in eine neue Zeit signalisieren, schreckten aber offensichtlich Kunden ab. Nach zwei Jahren bekam sie ein 18-Zoll-Hinterrad und eine andere Cockpitverkleidung. Beim Motor handelte es sich um eine Mischung aus Le Mans und California II. Die breiten Reifen verlangten Bodenfreiheit in Schräglage, die der niedrige Schwerpunkt nicht bringen konnte. In Deutschland ein seltenes Modell.

Motorrad:	850 T 5
Produktionszeit:	1983 – 88
Motor:	2-Zyl V-Motor OHV/2V
Hubraum:	844,05 cm^3
Bohrung x Hub:	83 x 78 mm
Verdichtung:	9,5:1
Leistung:	67 PS / 6900/min
Gemischaufber.:	Dell'Orto VHBT 30, Kontakte
Kupplung:	Doppelscheibe
Getriebe:	5 Gänge
Rahmen:	Rundrohrrahmen, Unterzüge demontierbar
Radstand:	1505 mm
Federung vorn:	Telegabel
Federung hinten:	Doppelschwinge, 2 Federbeine
Reifen vorn:	100/90H16
Reifen hinten:	130/90H16
Bremse vorn:	Doppelscheibe, 270 mm
Bremse hinten:	Scheibe, 270 mm
Leergewicht:	243 kg
Tankinhalt:	22,5 Liter
Höchstgeschw.:	198 km/h

V 1000 I Convert

Das Maß voll war für den Guzzi-Motor erst mit der V 1000 I Convert, die für die amerikanische Polizei entwickelt und mit Zweistufen-Automatik versehen worden war. Der ansonsten unveränderte 850er-Motor war auf 88 mm aufgebohrt worden, was einen Hubraum von knapp 950 cm³ ergab. Die Leistung war kaum gestiegen, da Vergaser (obwohl umgedüst) und Nockenwellen unverändert übernommen worden waren. Die Modellbezeichnung leitete sich vom italienischen »Idro Convert« her, der Flüssigkeitswandler befand sich dort, wo Kupplung und Schwungscheibe saßen. Im Getriebegehäuse selber rotierte eine »normale« Kupplung. Die beiden Gänge wurden per Fußpedal eingelegt. Nur beim Start benötigte der Fahrer die Kupplung. Für Begleitdienste mochte das eine hilfreiche Sache sein, unter zivilen Käufern stieß das Modell auf nur geringes Interesse.

Motorrad:	V 1000 I Convert
Produktionszeit:	1975 – 84
Stückzahl:	14 582 (einschl. G 5 und SP, SP-NT)
Motor:	2-Zyl OHV/2V
Hubraum:	948,8 cm³
Bohrung x Hub:	88 x 78 mm
Verdichtung:	9,2:1
Leistung:	61 PS / 6500/min
Gemischaufber.:	2 x Dell'Orto VHB 30, Kontakte
Kupplung:	Hydraul. Automatikkupplung
Getriebe:	Zweistufen-Automatik
Rahmen:	Rundrohrrahmen aus Stahl
Radstand:	1470 mm
Federung vorn:	Telegabel
Federung hinten:	Doppelschwinge, 2 Federbeine
Reifen vorn:	4.10H18
Reifen hinten:	4.10H18
Bremse vorn:	Doppelscheibe, 300 mm
Bremse hinten:	Scheibe, 242 mm
Leergewicht:	261 kg (getankt)
Tankinhalt:	24 Liter
Höchstgeschw.:	175 km/h

V 1000 G5

Bei der G5 handelte es sich im Grunde um eine Automatik-Convert, jedoch mit dem manuellen Getriebe der T3 versehen. Die mangelnde Akzeptanz der Convert auf dem zivilen Markt führte 1978 schon nach anderthalb Produktionsjahren zu dieser Modellpflege; die G5 war beinahe so etwas wie eine Notlösung. Zu den weiteren Maßnahmen gehörten dünnere Reifen im 18-Zoll-Format. In der Folge ermöglichte die G5 etwas bessere Fahrleistungen als die Convert, da die Getriebeautomatik mit hydraulischem Wandler einiges an Motorleistung geschluckt hatte.

Motorrad:	V 1000 G 5
Produktionszeit:	1978 – 85
Stückzahl:	14.582 (einschl. SP 1978 – 84 u. Convert)
Motor:	2-Zyl OHV/2V
Hubraum:	948,8 cm^3
Bohrung x Hub:	88 x 78 mm
Verdichtung:	9,2:1
Leistung:	61 PS / 6500/min
Gemischaufber.:	2 x Dell'Orto VHB 30, Kontakte
Kupplung:	Doppelscheibe
Getriebe:	5 Gänge
Rahmen:	Rundrohrrahmen aus Stahl
Radstand:	1470 mm
Federung vorn:	Telegabel
Federung hinten:	Doppelschwinge, 2 Federbeine
Reifen vorn:	100/90H18
Reifen hinten:	110/90H18
Bremse vorn:	Doppelscheibe, 300 mm
Bremse hinten:	Scheibe, 242 mm
Leergewicht:	261 kg (getankt)
Höchstgeschw.:	173 km/h

1000 SP und SP-NT

Ende der 70er-Jahre stieg die Nachfrage nach vollverkleideten Motorrädern. Moto Guzzi entwickelte deshalb die Spada (Schwert), ein Baukasten-Modell auf Basis der G5, das die Designer mit neuer Instrumentierung und hochgezogeneren Schalldämpfern versehen hatten. Die neue Vollverkleidung bestand eigentlich aus drei Sektoren: dem lenkerfesten Oberteil, den beiden kleinen Spoilern oberhalb der Zylinder sowie dem eigentlichen Unterteil. Spoiler und Unterteil waren einteilig ausgeführt. Zylinder und Zylinderköpfe lagen frei, jederzeit vom kühlenden Fahrtwind umspült. Die Modellpflege zum Jahr 1980 führte zur SP-NT mit nikasilbeschichteten Zylindern und leiseren Schalldämpfern.

Motorrad:	1000 SP, SP-NT
Produktionszeit:	1978 – 84
Stückzahl:	14.582 (inkl. G 5 u. Convert)
Motor:	2-Zyl OHV/2V
Hubraum:	948,8 cm^3
Bohrung x Hub:	88 x 78 mm
Verdichtung:	9,2:1
Leistung:	61 PS / 6500/min
Gemischaufber.:	2 x Dell'Orto VHB 30, Kontakte
Kupplung:	Doppelscheibe
Getriebe:	5 Gänge
Rahmen:	Rundrohrrahmen aus Stahl
Radstand:	1480 mm
Federung vorn:	Telegabel
Federung hinten:	Doppelschwinge, 2 Federbeine
Reifen vorn:	100/90H18
Reifen hinten:	110/90H18
Bremse vorn:	Doppelscheibe, 2 x 300 mm
Bremse hinten:	Scheibe, 242 mm
Leergewicht:	250 kg (getankt)
Tankinhalt:	24 Liter
Höchstgeschw.:	174 km/h

1000 SP II

Auch dieses Modell demonstrierte in guter Weise das in Mandello übliche Baukastensystem: Der Motor mit den rechteckigen Zylindern und verstärktem Kurbelgehäuse stammte zum Beispiel aus der California II. Die bessere Kühlung brachte einen Leistungszuwachs von stolzen 6 PS. Das Chassis hatte eigentlich – abgesehen vom 18-Zoll-Hinterrad – in der T5 seine Bewährungsprobe abgelegt, während die Schwinge von der Le Mans III kam. Das Heckteil der Sitzbank und den Tank kannte man ebenfalls bereits von der T5, der Rest stammte von der bisherigen SP-NT. Wegen der neuen Zylinder war allerdings das Unterteil der Verkleidung verändert worden.

Motorrad:	1000 SP II
Produktionszeit:	1984 – 87
Stückzahl:	1118
Motor:	2-Zyl OHV/2V
Hubraum:	948,8 cm^3
Bohrung x Hub:	88 x 78 mm
Verdichtung:	9,2:1
Leistung:	67 PS / 6700/min
Gemischaufber.:	2 X Dell'Orto VHBT 30, Kontakte
Kupplung:	Doppelscheibe
Getriebe:	5 Gänge
Rahmen:	Rundrohrrahmen aus Stahl
Radstand:	1505 mm
Federung vorn:	Telegabel
Federung hinten:	Doppelschwinge, 2 Federbeine
Reifen vorn:	110/90H16
Reifen hinten:	120/90H18
Bremse vorn:	Doppelscheibe, 270 mm
Bremse hinten:	Scheibe, 270 mm
Leergewicht:	254 kg (getankt)
Tankinhalt:	22,5 Liter
Höchstgeschw.:	181 km/h

Mille GT

Mit der Mille GT stellte Mandello endlich wieder eine klassische Guzzi vor. Die Ur-Guzzi erschien im Sommer 1987 und ging maßgeblich auf das Betreiben deutscher Motorradfahrer zurück. Ohne Plastik, ohne Verkleidungen und in den traditionellen Farben Schwarz oder Rot, von gezielt platzierten Chromteilen komplettiert, wirkte sie klassischer als jedes andere Motorrad auf dem Markt. Die Technik selbst war einfach und schnörkellos wie das Design: eine SP II ohne Verkleidung, aber mit 18-Zoll-Vorderrad samt Instrumenten und Scheinwerfern der kleineren V 75 Florida. Gegen Aufpreis waren auch Speichenräder erhältlich, die später Serie wurden. Dazu gab es auf Wunsch auch eine elektronische Zündung und anderes Zubehör aus dem Programm.

Motorrad:	Mille GT
Produktionszeit:	1987 – 93
Motor:	2-Zyl OHV/2 V
Hubraum:	948,8 cm^3
Bohrung x Hub:	88 x 78 mm
Verdichtung:	9,2:1
Leistung:	67 PS / 6700/min
Gemischaufber.:	2 x Dell'Orto PHF 30, Kontakte
Kupplung:	Doppelscheibe
Getriebe:	5 Gänge
Rahmen:	Rundrohrrahmen aus Stahl
Radstand:	1505 mm
Federung vorn:	Telegabel
Federung hinten:	Doppelschwinge, 2 Federbeine
Reifen vorn:	110/90V18
Reifen hinten:	120/90V18
Bremse vorn:	Doppelscheibe, 300 mm
Bremse hinten:	Scheibe, 242 mm
Leergewicht:	257 kg (getankt)
Tankinhalt:	22,5 Liter
Höchstgeschw.:	192 km/h

1000 SP III

Größere Ventile (Le Mans), größere Vergaser und höhere Verdichtung verhalfen der SP III zu einem Leistungsaufschwung auf 71 PS. Der Rahmen ähnelte ebenfalls der letzten Generation Le Mans, stellte aber nicht die eigentliche Neuigkeit da. Das war die Verkleidung. Die Karosserie war bei dieser dritten Spada völlig neu gestaltet. Eine rahmenfeste Vollverkleidung mit geschwungener Windschutzscheibe avancierten zu ihrem typischen Markenzeichen.

Motorrad:	1000 SP III
Produktionszeit:	1988 – 92
Motor:	2-Zyl OHV/2 V
Hubraum:	948,8 cm^3
Bohrung x Hub:	88 x 78 mm
Verdichtung:	9,5:1
Leistung:	71 PS / 6800/min

Gemischaufber.:	2 x Dell'Orto PHB 36, elektronische Zündung
Kupplung:	Doppelscheibe
Getriebe:	5 Gänge
Rahmen:	Rundrohrrahmen aus Stahl
Radstand:	1495 mm
Federung vorn:	Telegabel
Federung hinten:	Doppelschwinge, 2 Federbeine
Reifen vorn:	110/90V18
Reifen hinten:	120/90V18
Bremse vorn:	Doppelscheibe, 300 mm
Bremse hinten:	Scheibe, 270 mm
Leergewicht:	265 kg (getankt)
Tankinhalt:	22,5 Liter
Höchstgeschw.:	184 km/h

850 T 3 California

Schon bei der 850 GT hatte eine auf amerikanische Verhältnisse getrimmte California mit Trittbrettern, Windschutzscheibe, weit nach hinten gezogenem Lenker und dem typischen Sattel gegeben. Daher bot Guzzi parallel zur T 3 mit den runden Zylindern auch ein entsprechendes California-Modell an. Diese T 3 war dementsprechend mit dem üblichen Zubehör ausgestattet: Scheibe, Cowhorn-Lenker, geschwungener Sattel und zwei Koffern.

Motorrad:	850 T 3 California
Produktionszeit:	1975 – 80
Stückzahl:	15.423 (einschl. T 3 und T 4)
Motor:	2-Zyl OHV/2 V
Hubraum:	844,05 cm^3
Bohrung x Hub:	83 x 78 mm
Verdichtung:	9,5:1
Leistung:	59 PS / 6900/min
Gemischaufber.:	2 x Dell'Orto VHB 30, Kontakte
Kupplung:	Doppelscheibe
Getriebe:	5 Gänge
Rahmen:	Rundrohrrahmen aus Stahl
Radstand:	1470 mm
Federung vorn:	Telegabel
Federung hinten:	Doppelschwinge, 2 Federbeine
Reifen vorn:	3.50H18
Reifen hinten:	4.00H18
Bremse vorn:	Doppelscheibe, 300 mm
Bremse hinten:	Scheibe, 242 mm
Leergewicht:	265 kg (getankt)
Tankinhalt:	24 Liter
Höchstgeschw.:	158 km/h

California II

Motorrad:	California II
Produktionszeit:	1981 – 87
Stückzahl:	9368
Motor:	2-Zyl OHV/2 V
Hubraum:	948,8 cm^3
Bohrung x Hub:	88 x 78 mm
Verdichtung:	9,2:1
Leistung:	67 PS / 6700 /min

Die zweite California war kein aufgepäppeltes Straßenmotorrad mehr, sondern eine eigenständige Konstruktion, die eigens auf diesen Einsatzzweck hin ausgelegt worden war. Beim Motor handelte es sich um ein Aggregat, das dem der Le Mans III entsprach, also mit den rechteckigen Zylindern. Allerdings kamen kleinere Ventile zum Einsatz. Der Rahmen wurde verstärkt und der Radstand wuchs deutlich. Kleinere stilistische Änderungen krönten die wuchtigen, verchromten Schutzbleche samt der dazu passenden dickeren Bereifung. Kritikpunkt war die von der Le Mans III unverändert übernommene, lange Übersetzung.

Gemischaufber.:	2 x Dell'Orto VHBT 30, Kontakte	**Reifen vorn:**	120/90H18
Kupplung:	Doppelscheibe	**Reifen hinten:**	120/90H18
Getriebe:	5 Gänge	**Bremse vorn:**	Doppelscheibe, 300 mm
Rahmen:	Rundrohrrahmen aus Stahl	**Bremse hinten:**	Scheibe, 242 mm
Radstand:	1565 mm	**Leergewicht:**	270 kg (getankt)
Federung vorn:	Telegabel	**Tankinhalt:**	24 Liter
Federung hinten:	Doppelschwinge, 2 Federbeine	**Höchstgeschw.:**	158 km/h

California III

Die dritte 1000er California präsentierte sich in völlig neuer Optik. Das komplett renovierte Grunddesign hatte sich komplett geändert und sollte bis Ende der 90er aktuell bleiben. Die technischen Änderungen waren marginal. Das oft kritisierte Guzzi-Gepäcksystem verschwand zu Gunsten neuer Koffer des Zulieferers Givi. Das Cruiserthema griff man mit dem niedrigem Rahmenheck und der geteilten King & Queen-Sitzbank auf. Neben dieser komplett ausgestatteten »Cali« gab es auch eine California III mit Vollverkleidung (hier abgebildet, aber nicht nach Deutschland importiert) sowie die auch hierzulande erhältliche California III C ohne Sturzbügel, Windschutzscheibe oder Koffer.

Motorrad:	California III (C)
Produktionszeit:	1987 (1990)
Motor:	2-Zyl OHV/2 V
Hubraum:	948,8 cm³
Bohrung x Hub:	88 x 78 mm
Verdichtung:	9,2:1
Leistung:	66 PS / 6500/min
Gemischaufber.:	2 x Dell'Orto PHF 30, Kontakte
Kupplung:	Doppelscheibe
Getriebe:	5 Gänge
Rahmen:	Rundrohrrahmen aus Stahl
Radstand:	1550 mm
Federung vorn:	Telegabel
Federung hinten:	Doppelschwinge, 2 Federbeine
Reifen vorn:	110/90V18
Reifen hinten:	120/90V18
Bremse vorn:	Doppelscheibe, 300 mm
Bremse hinten:	Scheibe, 270 mm
Leergewicht:	272 kg (getankt)
Tankinhalt:	25 Liter
Höchstgeschw.:	158 km/h
Anmerkung:	Ab 1990 gab es parallel die Cali III C mit 263 kg Gewicht, einer Spitze von 172 km/h, einem Radstand von 1560 mm und anderen Vergasern (PHM).

California III i.e.

Im Zuge der von geänderten Zulassungsvorschriften erforderlichen technischen Änderungen (welche alle Motorräder von Moto Guzzi betrafen) bekam die California als erstes Modell eine neue Gemischaufbereitung. Die Rundschieber-Vergaser der California II und III verschwanden, an ihre Stelle trat eine elektronischer Einspritzung von Weber-Marelli. Allerdings gab es parallel zur nunmehrigen III i.e. auch noch eine Vergaserausführung zur Wahl. Wie bei der »Cali« III wurden nur die normale California und die nackte Custom nach Deutschland importiert, die Maschine mit Vollverkleidung gab es nicht. Die Speichenräder waren mittlerweile so populär geworden, dass Gussräder nur auf Wunsch erhältlich waren. Die einzig größere Änderung brachte 1992 einen breiteren Hinterreifen der Dimension 130/80-18; überdies konnte auf Wunsch auch ein Katalysator nachgerüstet werden.

Motorrad:	California III i.e.
Produktionszeit:	1990 – 92
Motor:	2-Zyl OHV/2 V
Hubraum:	948,8 cm^3
Bohrung x Hub:	88 x 78 mm
Verdichtung:	9,2:1
Leistung:	67 PS / 6700/min
Gemischaufber.:	Elektronische Einspritzung
Kupplung:	Doppelscheibe
Getriebe:	5 Gänge
Rahmen:	Rundrohrrahmen aus Stahl
Radstand:	1585 mm
Federung vorn:	Telegabel
Federung hinten:	Doppelschwinge, 2 Federbeine
Reifen vorn:	110/90V18
Reifen hinten:	120/90V18
Bremse vorn:	Doppelscheibe, 300 mm
Bremse hinten:	Scheibe, 270 mm
Leergewicht:	297 kg (getankt)
Tankinhalt:	23 Liter
Höchstgeschw.:	170 km/h

Motorrad:	California 1100
Produktionszeit:	1992
Motor:	2-Zyl OHV/2 V
Hubraum:	1064 cm³
Bohrung x Hub:	92 x 80 mm
Verdichtung:	9,5:1
Leistung:	75 PS / 6400/min
Gemischaufber.:	Weber IAW Alfa-N
Kupplung:	Doppelscheibe
Getriebe:	5 Gänge
Rahmen:	Rundrohrrahmen aus Stahl
Radstand:	1575 mm
Federung vorn:	Telegabel
Federung hinten:	Doppelschwinge, 2 Federbeine

California 1100

Inzwischen gab der Moto Guzzi-Baukasten eine ganze Menge her, und der Motor der 1100 Sport passte wirklich prima zur California. Der größere Hubraum und der damit einher gehende Drehmomentzuwachs entsprach besser dem Einsatzbereich eines solchen Motorrads. Und das Konzept ging auf, wenn auch mit Verspätung. Das Modell war schon drei Jahre in Produktion, als eine amerikanische Motorradzeitschrift sie zum Cruiser des Jahres wählte. Mittlerweile hatte dann auch der Hersteller eingesehen, dass Cruiser mehr als ein Modetrend waren und ließ der Cali mehrere Verbesserungen an Bremsanlage und Fahrwerk angedeihen. Den 75sten Geburtstag feierte das Werk 1996 mit einer Sonderedition namens »California 1100 I.E. Anniversario 75«, mit vielfältiger Ausstattung und einer Zweifarben-Lackierung in Rot/Silber. Zu dieser Zeit waren noch die Vergaserversionen erhältlich. Das Konzept an sich setzte sich dennoch durch, und man musste kein Hellseher sein, um bereits zu diesem Zeitpunkt künftige Ausstattungs-Varianten zu erkennen.

Reifen vorn:	110/90VB18
Reifen hinten:	140/80VB17
Bremse vorn:	Doppelscheibe, 300 mm
Bremse hinten:	Scheibe, 270 mm
Leergewicht:	268 kg (getankt)
Tankinhalt:	18,5 Liter
Höchstgeschw.:	185 km/h

California EV

Dieses Modell markierte bei seiner Vorstellung 1997 die höchste Entwicklungsstufe der California, und daran ändert sich auch lange nichts. Hier kamen für den 1064 Kubik großen Motor verstärkte Pleuel und neue Magneti-Marelli Multipoint-Zündung in Verbindung mit 40 mm Drosselklappen für die Einspritzung hinzu. Beeindruckend war auch das Chassis mit zwei 320 Millimeter großen Bremsscheiben vorn, mitsamt den Vierkolbenzangen. Zu der Bremsanlage gehörte auch ein Druckregler aus Bosch-Herstellung, der die Bremskräfte nach Bedarf verteilte und so das Integral-Konzept von Moto Guzzi ins neue Zeitalter führt. Neu sind auch die 45er Marzocchi Gabel und die hinteren WP Federbeine.

Der Basis-EV wurde die California Touring zur Seite gestellt. Sie ist serienmäßig mit Windschild und wasserdichten Seitenkoffern ausgestattet und verfügt über kleine, gewölbte Beinschilder an den serienmäßigen Sturzbügeln. Diese Variante bildete die Basis für die »EV 80«, einem Sondermodell zum 80-jährigen Firmenjubiläum 2001 mit unter anderem Leder bezogenen Koffern und einer Sitzbank in Burgunderrot.

Motorrad:	California EV	**Federung vorn:**	Telegabel, Druck u. Zugb einstellb.
Produktionszeit:	Ab 1997	**Federung hinten:**	Doppelschwinge, Zug, Feder einstellb.
Motor:	2-Zyl OHV/2V		
Hubraum:	1064 cm³	**Reifen vorn:**	110/90-VB 18
Bohrung x Hub:	92 x 80 mm	**Reifen hinten:**	150/70-VB 17
Verdichtung:	9,5:1	**Bremse vorn:**	Doppelscheibe 320 mm
Leistung:	75 PS/ 6 400/min	**Bremse hinten:**	Scheibe 282 mm
Gemischaufber.:	Weber-Marelli, d=40 mm	**Leergewicht:**	270 kg (getankt)
Kupplung:	Zweischeiben-Trocken	**Tankinhalt:**	19 Liter
Getriebe:	5 Gänge	**Höchstgeschw.:**	185 km/h
Rahmen:	Doppelschleifen-Stahlrohr		
Radstand:	1560 mm		

California Jackal

Die 1999 eingeführte Jackal war in technischer Hinsicht eine California, jedoch ohne deren typischen Merkmale aufzuweisen: Sie war quasi das Naked-Bike unter den Cruisern aus Mandello. Die schnörkellose, einfache und harmonische Linienführung machte sich auch in der Preisgestaltung bemerkbar, die Jackal kostet bei ihrer Einführung nicht mehr, sondern weniger als eine normale California. Mit mehr als 40 verschiedenen Zubehör-Accessoires ließ sich das aber rasch ändern und das Naked-Bike bis zur Unkenntlichkeit hochrüsten. Die Lackierung, in metallisch schimmerndem Titangrau ausgeführt, unterstrich die archaische Ausstrahlung.

Motorrad:	California Jackal
Produktionszeit:	1999
Motor:	2-Zyl OHV/2V
Hubraum:	1064 cm^3
Bohrung x Hub:	92 x 80 mm
Verdichtung:	9,5:1
Leistung:	75 PS / 6400/min
Gemischaufber.:	Einspritzung Magneti-Marelli
Kupplung:	Doppelscheibe
Getriebe:	5 Gänge
Rahmen:	Doppelschleifen-Rohrrahmen
Radstand:	1575 mm
Federung vorn:	Telegabel
Federung hinten:	Doppelschwinge, 2 Federbeine
Reifen vorn:	110/90VB18
Reifen hinten:	140/80VB17
Bremse vorn:	Scheibe, 320 mm
Bremse hinten:	Scheibe, 282 mm
Leergewicht:	246 kg (getankt)
Tankinhalt:	19 Liter
Höchstgeschw.:	185 km/h

California Stone

Abgeleitet von der California, lehnt sich die »Stone« (und ihre Schwestern) stark an die ersten Jackal-Modelle an. Ein gravierender Unterschied zur Jackal besteht darin, dass die Stone nur eine Scheibe im Vorderrad besitzt. Auch auf die Integralbremse müssen diese California-Ableger verzichten. Die Ausstattung des Basis-Modells ist spartanisch und die Instrumentierung besteht lediglich aus dem Tacho mit einer Reihe von Warnleuchten. Nur der Tank weicht in der Farbgebung von dem sonst vorherrschenden Grau ab. Die Variante »Stone Metal« verfügt über eine einteilige Doppelsitzbank, einen verchromten Tank sowie Federbeine mit verstellbarer Zugstufe. Da für die California bereits ein reichhaltiger Zubehör-Baukasten existiert, konnte auch rasch für die Stone ein entsprechendes Angebot geschaffen werden, so dass alsbald die Variante »Stone Touring« mit Koffern und niedriger Tourenscheibe beim Händler zu sehen war.

Motorrad:	California Stone/Stone Metal/Stone Touring
Produktionszeit:	Ab 2001
Motor:	2-Zyl OHV/2V
Hubraum:	1064 cm³
Bohrung x Hub:	92 x 80 mm
Verdichtung:	9,5:1
Leistung:	75 PS/ 7 000/min
Gemischaufber.:	Weber-Marelli, d=40 mm
Kupplung:	Zweischeiben-Trocken
Getriebe:	5 Gänge
Rahmen:	Rundstahlrohr
Radstand:	1560 mm
Federung vorn:	Telegabel, nicht einstellb.
Federung hinten:	Doppelschwinge, Federvorsp.
Reifen vorn:	110/90-VB 18
Reifen hinten:	140/80-VB 17
Bremse vorn:	Einzelscheibe 320 mm
Bremse hinten:	Scheibe 282 mm
Leergewicht:	260 kg (getankt)/ Touring 280 kg
Tankinhalt:	19 Liter
Höchstgeschw.:	185 km/h

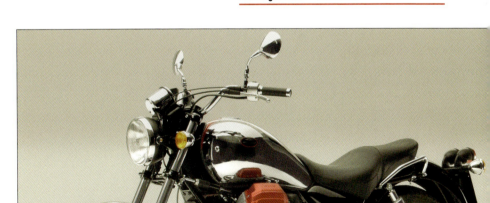

California Special/Special Sport/Special Sport Aluminium

In der Optik erinnert die »Special«-Reihe an die Jackal-Modelle, aber technisch gesehen handelt es sich dabei eher um eine EV, die Nachfolgerin der California Tourenmaschine. Sie sieht zwar aus wie eine leicht abgespeckte EV, hat aber kaum weniger Ausstattung – nur eben eine andere. Am Heck fällt das tief heruntergezogene Schutzblech auf, Ersatz für die großen, verchromten Seitenbefestigungen der EV. Auch die Instrumentierung ist mit der der EV identisch, ebenso wie die Doppelscheibe vorn und auch die Integralbremse. Ein großer Unterschied sind die Fußrasten, wie früher bei der Jackal und später bei der Stone-Reihe. Mit der Stone teilt sich Special Sport die nicht einstellbare Gabel. Die »Special Sport Aluminium« hat einen kurzen, geraden Lenker. Die einzigen Farbakzente setzen die Goldfarben anodisierten Ventildeckel, ansonsten ist alles in Aluminium oder Chrom gehalten.

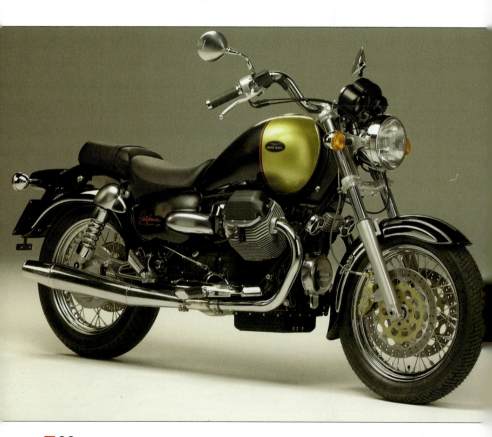

Motorrad:	California Special Sport
Produktionszeit:	Special ab 1998, Special Sport 2001-2003
Motor:	2-Zyl OHV/2V
Hubraum:	1064 cm³
Bohrung x Hub:	92 x 80 mm
Verdichtung:	9,5:1
Leistung:	75 PS/ 6 400/min
Gemischaufber.:	Weber-Marelli, d=40 mm
Kupplung:	Zweischeiben-Trocken
Getriebe:	5 Gänge
Rahmen:	Doppelschleifen-Stahlrohr
Radstand:	1560 mm
Federung vorn:	Telegabel, nicht einstellb.
Federung hinten:	Doppelschwinge, Federvorsp.
Reifen vorn:	110/90-18
Reifen hinten:	140/80-17
Bremse vorn:	Doppelscheibe 320 mm
Bremse hinten:	Scheibe 282 mm
Leergewicht:	270 kg (getankt)
Tankinhalt:	19 Liter
Höchstgeschw.:	185 km/h

California Titanium/ Aluminium

Technisch gesehen sind diese beiden Modelle, die 2003 vorgestellt wurden, Nachfolger der Special Sport Aluminium. Der einzige Unterschied, abgesehen von der exklusiven Farbgebung der Titanium, besteht im kleinen vorderen Windabweiser.

Motorrad:	California Aluminium/Titanium
Produktionszeit:	Ab 2003
Motor:	2-Zyl OHV/2V
Hubraum:	1064 cm³
Bohrung x Hub:	92 x 80 mm
Verdichtung:	9,8:1
Leistung:	75 PS/ 7 000/min
Gemischaufber.:	Weber-Marelli, d=40 mm
Kupplung:	Zweischeiben-Trocken
Getriebe:	5 Gänge
Rahmen:	Doppelschleifen-Stahlrohr
Radstand:	1560 mm
Federung vorn:	Telegabel, einstellb.
Federung hinten:	Doppelschwinge, Federvorsp.
Reifen vorn:	110/90-VB 18
Reifen hinten:	140/80-VB 17
Bremse vorn:	Doppelscheibe 320 mm
Bremse hinten:	Scheibe 282 mm
Leergewicht:	255 kg (getankt)
Tankinhalt:	19 Liter
Höchstgeschw.:	185 km/h

V 35, II, III

Zusammen mit der V 50 wurde die V 35 im Herbst 1976 vorgestellt. In beiden Fällen handelte es sich um völlig neue Konstruktionen. Neue italienische Vorschriften machten kurz nach der Einführung die 500er für Jugendliche unerreichbar, was der V 35 zu großer Popularität verhalf. Obwohl die allgemeine Auslegung an die größeren Modelle erinnerte, waren die Unterschiede doch beachtlich: Das Kurbelgehäuse war horizontal getrennt, die Schwinge im Getriebegehäuse gelagert und außerdem aus Alu gegossen. Die Versionen II (1979) und III (1985) wiesen mehrere Modifikationen auf, unter anderem hatten sie nikasilbeschichtete Zylinder. Die III unterschied sich vor allem durch die Optik von den Vorgängern. Die hier nicht angebotenen V 35 GT, Custom, Florida und Nevada waren technisch mit der V 35 baugleich, lediglich die Bereifung war anders; darüber hinaus gab es noch die Geländemodelle TT und NTX, die sportlichen Imola und Imola II.

Motorrad:	V 35, II, III
Produktionszeit:	1978 – 87
Stückzahl:	5935
Motor:	2-Zyl OHV/2V
Hubraum:	346 cm^3
Bohrung x Hub:	66 x 50,6 mm
Verdichtung:	10,8:1
Leistung:	27 PS / 7600/min
Gemischaufber.:	Elektronisch (später Kontakte), 2 x Dell'Orto VHB 24
Kupplung:	Trockenkupplung
Getriebe:	5 Gänge
Rahmen:	Rundrohrrahmen aus Stahl
Radstand:	1410 mm
Federung vorn:	Telegabel
Federung hinten:	Aluschwinge, 2 Federbeine
Reifen vorn:	3.00 18, 90/90-18, 100/90-16
Reifen hinten:	3.25 18, 100/90-18, 110/80-18
Bremse vorn:	Doppelscheibe
Bremse hinten:	Scheibe
Leergewicht:	175 kg (getankt)
Tankinhalt:	16 Liter
Höchstgeschw.:	150 km/h

V 50, II, III

Die größere Ausgabe der V 35 hieß V 50 und hatte, abgesehen vom Hub, das gleiche Triebwerk. Die zweite (1979) und dritte (1981) Version erhielten viele technische Verbesserungen, wie etwa nikasilbeschichtete Zylinder, eine größere Ölwanne, eine Duplexkette für den Ventiltrieb und größere Ventile. Die Gabel erhielt Luftunterstützung. Die Halbliter-V-Modelle wurden nur bis 1983 in Deutschland angeboten, da die hausinterne Konkurrenz durch die 650er zu stark wurde.

Motorrad:	V50, II, III
Produktionszeit:	1978 – 79, 1980, 1981 – 83
Stückzahl:	7343
Motor:	2-Zyl OHV/2V
Hubraum:	490 cm^3
Bohrung x Hub:	74 x 57 mm
Verdichtung:	10,8:1, 10,4:1
Leistung:	45 PS / 7500/min, 49 PS / 7600/min
Gemischaufber.:	2 x Dell'Orto VHB 24, elektron. Zündung, später Kontakte
Kupplung:	Trockenkupplung
Getriebe:	5 Gänge
Rahmen:	Rundrohrrahmen aus Stahl
Radstand:	1410 mm
Federung vorn:	Telegabel
Federung hinten:	Aluschwinge, 2 Federbeine
Reifen vorn:	3.00S18, 90/90S18
Reifen hinten:	3.50S18, 100/90S18
Bremse vorn:	Doppelscheibe
Bremse hinten:	Scheibe
Leergewicht:	183 kg (getankt)
Tankinhalt:	16 Liter
Höchstgeschw.:	165 km/h

V 50 Custom

Mit dem hohen Lenker und der Stufensitzbank entsprach die Custom der neuen Modellpolitik von Guzzi, keine einzelnen Maschinen, sondern komplette Familien anzubieten: Jedes Motorrad sollte als Normale, als Custom und als Sportiva angeboten werden. Im Laufe der Jahre zeigte sich aber, dass oftmals die Normalversion nicht genügend Resonanz fand, daher wurde diese dann gestrichen. Die Maschinen selbst waren technisch weitgehend identisch, im Falle der Custom unterschied sich lediglich die verlängerte Schwinge von den Pendants der anderen V 50. Sie war notwendig geworden, weil nur so der dickere Hinterreifen – der für einen Chopper unerlässlich schien – untergebracht werden konnte.

Motorrad:	V 50 Custom
Produktionszeit:	1982 – 86
Stückzahl:	1419
Motor:	2-Zyl OHV/2 V
Hubraum:	490 cm^3
Bohrung x Hub:	74 x 57 mm
Verdichtung:	10,4:1
Leistung:	49 PS / 7600/min
Gemischaufber.:	2 x Dell'Orto VHB 24, Kontakte
Kupplung:	Trockenkupplung
Getriebe:	5 Gänge
Rahmen:	Rundrohrrahmen aus Stahl
Radstand:	1460 mm
Federung vorn:	Telegabel
Federung hinten:	Aluschwinge, 2 Federbeine
Reifen vorn:	100/90-18
Reifen hinten:	130/90-16
Bremse vorn:	Doppelscheibe
Bremse hinten:	Scheibe
Leergewicht:	192 kg (getankt)
Tankinhalt:	16 Liter
Höchstgeschw.:	151 km/h

V 50 Monza

Die V 50 war schon einer ersten Modellpflege unterzogen worden und zur V 50 II gereift, als das Monza-Sportmodell erschien. Die für den sportlichen Einsatz notwendigen Teile wie Tank, Verkleidung und Sitzbank hatte die Monza mit denen der V 35 Imola gemeinsam. Wie die übrigen V 50-Modelle auch, wurde auch die Monza nur bis 1983 in Deutschland angeboten.

Motorrad:	V 50 Monza
Produktionszeit:	1981 – 84
Stückzahl:	4154
Motor:	2-Zyl OHV/2V
Hubraum:	490 cm^3
Bohrung x Hub:	74 x 57 mm
Verdichtung:	10,4:1
Leistung:	49 PS / 7600/min
Gemischaufber.:	2 x Dell'Orto, Kontakte
Kupplung:	Trockenkupplung
Getriebe:	5 Gänge
Rahmen:	Rundrohrrahmen aus Stahl
Radstand:	1420 mm
Federung vorn:	Telegabel
Federung hinten:	Aluschwinge, 2 Federbeine
Reifen vorn:	3.25S18, 90/90S18
Reifen hinten:	3.50S18, 100/90S18
Bremse vorn:	Doppelscheibe
Bremse hinten:	Scheibe
Leergewicht:	174 kg (getankt)
Tankinhalt:	16 Liter
Höchstgeschw.:	175 km/h

V 65, SP, GT

Motorrad:	V 65, V 65 II, SP, GT
Produktionszeit:	1981 – 87 (GT: 1988)
Motor:	2-zyl OHV/2V
Hubraum:	644 cm³
Bohrung x Hub:	80 x 64 mm
Verdichtung:	10:1
Leistung:	52 PS / 7050/min
Gemischaufber.:	2 Dell'Orto PHBH 30, Kontakte
Kupplung:	Trockenkupplung
Getriebe:	5 Gänge
Rahmen:	Rundrohrrahmen aus Stahl
Radstand:	1440 mm
Federung vorn:	Telegabel
Federung hinten:	Aluschwinge, 2 Federbeine (Paioli)
Reifen vorn:	100/90H18
Reifen hinten:	110/90H18
Bremse vorn:	Doppelscheibe, 260 mm
Bremse hinten:	Scheibe, 235 mm
Leergewicht:	173 kg (SP 178 kg, GT 165 kg) (getankt)
Tankinhalt:	15,5 Liter
Höchstgeschw.:	175 km/h

Als 1981 die V 65 erschien, hatte sie eigentlich nur den Rahmen mit der V 50 gemeinsam. Der Motor beispielsweise war in allen Dimensionen größer ausgelegt – einschließlich der Vergaser –, und auch die Übersetzungen im Getriebe wurden dem größeren Hubraum angepasst. Die Gabel erhielt Unterstützung durch die Brücken der Le Mans und die Schwinge wurde verlängert. Die Dämpferelemente der Federbeine waren miteinander verbunden. Zur gleichen Zeit erschien auch die vollverkleidete SP. Abgesehen von der Verkleidung und der etwas geänderten Sitzposition war sie mit der V 65 Normale identisch. Die dritte, die GT-Version, erschien 1988 zusammen mit der V 35 GT und der Mille GT. Die Weiterentwicklung war in erster Linie an der elektronischen Zündung und der etwas längeren Gabel abzulesen.

V 65 Custom, Florida

Erst 1986 erschien mit der Florida eine Customvariante dieser Baureihe in Deutschland. Die erste, hierzulande nicht angebotene Custom mit 650er-Motor wurde zwischen 1983 und 1986 gebaut, und ähnelte, abgesehen vom Motor, der V 50 Custom. Die neue Florida dagegen war mit unzähligen optischen Gimmicks ausgestattet und ging mehr in Richtung der späteren California-Modelle. Sie wurde bis 1992 in Deutschland angeboten.

Motorrad:	V 65, Custom, Florida
Produktionszeit:	1983, 1986, 1986 – 92
Stückzahl:	4279
Motor:	2-zyl OHV/2V
Hubraum:	644 cm^3
Bohrung x Hub:	80 x 64 mm
Verdichtung:	9,1:1
Leistung:	48 PS / 7500/min (auch 27 PS / 5200/min)
Gemischaufber.:	2 Dell'Orto PHBH 30, Elektron. Zündung
Kupplung:	Trockenkupplung
Getriebe:	5 Gänge
Rahmen:	Rundrohrrahmen aus Stahl
Radstand:	1470 mm
Federung vorn:	Telegabel
Federung hinten:	Doppelschwinge, 2 Federbeine
Reifen vorn:	100/90V18
Reifen hinten:	130/90V16
Bremse vorn:	Doppelscheibe, 260 mm
Bremse hinten:	Scheibe, 260 mm
Leergewicht:	197 kg (getankt)
Tankinhalt:	15, 0 Liter
Höchstgeschw.:	152 km/h (27 PS: 125 km/h)

V 65 Lario

Die Lario wurde zusammen mit der 4-Ventil-Imola 1983 vorgestellt, und deren Technik machte auch dem 650er-V2-Motor Beine. Die Optik lehnte sich daher – zu Recht – stark an die der Le Mans III an, abgesehen von den 16-Zoll-Rädern. Trotz ihrer Fähigkeiten und ihres Leistungsvermögens blieb die Lario leider stets im Schatten der Le Mans und wurde überdies zu einer Zeit gebaut, in der das Werk in einer tiefen Krise steckte. 1990 erschien ihre Ablösung in Form der 750 Targa. In Deutschland war sie nur bis 1985 angeboten worden.

Motorrad:	V 65 Lario
Produktionszeit:	1983 – 89
Stückzahl:	3921
Motor:	2-Zyl OHV/4V
Hubraum:	644 cm^3
Bohrung x Hub:	80 x 64 mm
Verdichtung:	10,3:1
Leistung:	60 PS / 7800/min
Gemischaufber.:	2 Dell'Orto PHBH 30, 2 Kontakte
Kupplung:	Trockenkupplung
Getriebe:	5 Gänge
Rahmen:	Rundrohrrahmen aus Stahl
Radstand:	1455 mm
Federung vorn:	Telegabel
Federung hinten:	Doppelschwinge, 2 Federbeine
Reifen vorn:	100/90V16
Reifen hinten:	120/90V16
Bremse vorn:	Doppelscheibe, 270 mm
Bremse hinten:	Scheibe, 235 mm
Leergewicht:	199 kg (getankt)
Tankinhalt:	18 Liter
Höchstgeschw.:	180 km/h

V 65 TT, 650 NTX

Die Offroad-Welle ging auch an Moto Guzzi nicht spurlos vorüber und erfasste auch die 650er-Reihe. Die V 65 TT »Tutto Terreno« wies die gleichen Spezifikationen auf wie die V 35 TT. Das zeigte sich im Vergleich zur Normale in der kürzeren Endübersetzung, dem verstärkten Rahmen und dem Fahrwerk mit geländetauglichen Federwegen. Typisches Merkmal der TT-Modelle war der Verzicht auf das Integralbremssystem. Die V 65 TT wurde zwei Jahre lang gebaut und nach Deutschland eingeführt, bevor 1987 mit der 650 NTX ihre Nachfolgerin erschien. Technisch praktisch baugleich, bestanden die wesentlichen Unterschied im deutlich größeren Tank samt integrierter Verkleidung sowie der schwarzlackierten Antriebsquelle.

Motorrad:	V 65 TT, NTX
Produktionszeit:	1984 – 86, 1986
Stückzahl:	1689
Motor:	2-Zyl OHV/2V
Hubraum:	644 cm^3
Bohrung x Hub:	80 x 64 mm
Verdichtung:	9,8:1
Leistung:	45 PS / 7500/min
Gemischaufber.:	2 Dell'Orto PHBH 30, elektron. Zündung
Kupplung:	Trockenkupplung
Getriebe:	5 Gänge
Rahmen:	Rundrohrrahmen aus Stahl
Federung vorn:	Telegabel
Federung hinten:	Doppelschwinge, 2 Federbeine
Reifen vorn:	3.00-21
Reifen hinten:	4.00-18
Bremse vorn:	Scheibe, 260 mm
Bremse hinten:	Scheibe, 260 mm
Leergewicht:	184 kg, 200 kg (getankt)
Tankinhalt:	14 Liter, 32 Liter
Höchstgeschw.:	160 km/h, 170 km/h

V 75

Als die V 75 in Deutschland 1986 vorgestellt wurde, konnten die Kunden zwischen drei Leistungsalternativen wählen: 27, 50 oder 59 PS. Der neue Vierventiler teilte die sportliche Auslegung der V 65 Lario, punktete aber mit einem neuen Fahrwerk samt 16-Zoll-Vorderrad und 18-Zoll-Hinterrad. Das Grundmodell blieb nicht lange im Programm, die davon abgeleitete SP mit Vollverkleidung, welche 1989 eingeführt wurde, lief jedoch bis Mitte der 90er.

Hubraum:	744 cm^3
Bohrung x Hub:	80 x 74 mm
Verdichtung:	10:1
Leistung:	27, 50, 59 PS/ 4600, 6400, 7300/min
Gemischaufber.:	2 Dell'Orto PHBH 30, Bosch elektronisch
Kupplung:	Trockenkupplung
Getriebe:	5 Gänge
Rahmen:	Rundrohrrahmen aus Stahl
Radstand:	1470 mm
Federung vorn:	Telegabel
Federung hinten:	Doppelschwinge, 2 Federbeine
Reifen vorn:	100/90V16
Reifen hinten:	120/80H18
Bremse vorn:	Doppelscheibe
Bremse hinten:	Scheibe
Leergewicht:	200 kg (getankt)
Tankinhalt:	17 Liter
Höchstgeschw.:	138, 175, 188 km/h

Motorrad:	V 75
Produktionszeit:	1985 – 86
Stückzahl:	889
Motor:	2-Zyl OHV/4V

750 NTX

Das Konzept der NTX 650, kombiniert mit dem 750er-V-Motor, führte zur bis dahin hubraumstärksten Enduro aus Mandello. Kennzeichen der großen NTX war eine voluminöse Verkleidung, die sich unter dem Motor hinzog. Die 750er-Enduro mit ihrem Zweiventil-Motor konnte sich aber auf dem Markt nicht richtig behaupten. Als Polizeimotorrad aber fand sie in Italien einige Verbreitung.

Nevada 750

Von den vier Modellen mit dem 750er Motor rettete sich nur die Nevada in die Neuzeit hinüber. Die 750 Targa hatte die Optik der Le Mans IV; die 750 Strada (1994-96) dagegen hatte die Technik der ersten V 75, jedoch den Zweiventilmotor und größere Räder. Die Ähnlichkeit mit der großen Strada war unverkennbar. Die 750 SP (1989-96) versteckte sich hinter einer Verkleidung im Stile der großen Spada. Sie lief 170 km/h und rollte auf Reifen der Dimension 110/90-18 und 120/80-18. Die kleine SP litt aber stets unter der Konkurrenz im eigenen Haus, ein Verkaufserfolg war sie nicht. Die Targa (1991-92) war in der Presse sehr beliebt, bei den Kunden hielt sich der Zuspruch in Grenzen. Als wahrer Überlebenskünstler stellte sich indes die Cruiser-Variante Nevada heraus. Eine Zeit lang schien auch sie in Vergessenheit zu geraten, der deutsche Importeur nahm sie Mitte der 90er aus dem Programm. Doch sie kam zurück. Die wachsende Beliebtheit der Cruiser-Modelle verhalf dem preiswerten Modell Ende der 90er zu einer zweiten Chance in Deutschland. Inzwischen hatte die Nevada mehrere Facelifts und Varianten durchlebt, unter anderem in Form der Nevada Club 750 mit anderer Sitzbank und einer großen Auswahl an Lackierungen. Auch die Technik hatte man mit der Zeit behutsam modernisiert.

750 Targa, 750 Strada, 750 SP

Motorrad:	750 Nevada
Produktionszeit:	1989 – 2003
Motor:	2-Zyl OHV/2V
Hubraum:	744 cm^3
Bohrung x Hub:	88 x 74 mm
Verdichtung:	9,6:1
Leistung:	49 PS / 6200/min
	(27 PS / 5800/min)
Gemischaufber.:	2 Dell'Orto PHBH 30,
	Motoplat Elektronik
Kupplung:	Trockenkupplung
Getriebe:	5 Gänge

Rahmen:	Rundrohrrahmen
	aus Stahl
Radstand:	1505 mm
Federung vorn:	Telegabel, 38 mm
Federung hinten:	Doppelschwinge, 2 Federbeine
Reifen vorn:	100/90V18
Reifen hinten:	130/90V16
Bremse vorn:	Doppelscheibe, 270 mm
Bremse hinten:	Scheibe, 260 mm
Leergewicht:	197 kg (getankt)
Tankinhalt:	16 Liter
Höchstgeschw.:	165 km/h

750 I.E. Nevada Classic

Dass die Bezeichnung Nevada aus der Guzzi-Modellpalette nicht verschwinden durfte, war klar – die Zahlen einer zwanzigjährigen Produktion, von den Custom V35/50 bis hin zu Nevada Club 2003, erzählen mit über 35.000 Einheiten eine eigene, sehr populäre Geschichte. Bei der Überarbeitung der vor allem in Italien sehr populären Nevada beließ es der Hersteller 2004 aber nicht bei einem bloßen Facelifting. Als Basis diente diesmal die Breva, die von der Presse wegen ihrer Handlichkeit gelobt wurde. Der Motor und der gesamte Antriebsstrang bildeten die Basis der neuen Nevada, hinzu kam auch das Fahrgestell der Breva. Der Rest der 441 Teile wurde nach Cruiser-Konzept gestaltet, wenn auch mit weniger Cruiser-Features als ansonsten üblich. Die Sitzposition des Piloten ist aufrechter und die Optik – obwohl in Einzelheiten der Eisdielen-Philosophie folgend – entspricht mehr den Linien eines »normalen« Motorrads. Mit 53 Newtonmeter Spitzendrehmoment schon bei 3600/min ist die Nevada auch kein Langweiler. Die Einspritzung ermöglicht den Einsatz eines Dreiwege-Kats.

Motorrad:	750 I.E. Nevada
Produktionszeit:	Ab 2004
Motor:	2-Zyl OHV/V2
Hubraum:	744 cm³
Bohrung x Hub:	80 x 74 mm
Verdichtung:	9,6:1
Leistung:	48 PS (35,5 kW)/ 6800/min

Gemischaufber.:	Elektronische Einspritzung	**Reifen vorn:**	100/90-18
Kupplung:	Einscheibige Trockenkupplung	**Reifen hinten:**	130/90-16
Getriebe:	5 Gänge	**Bremse vorn:**	Scheibe, 320 mm
Rahmen:	Zweischleifen Stahlrahmen	**Bremse hinten:**	Scheibe, 260 mm
Radstand:	1467 mm	**Leergewicht:**	184 kg
Federung vorn:	Telegabel	**Tankinhalt:**	14 Liter
Federung hinten:	Doppelschwinge, 2 Federbeine	**Höchstgeschw.:**	ca. 160 km/h

Quota 1000

Auf der Erfolgswelle der Großenduros versuchte Moto Guzzi mit der gewaltigen Quota Mille mitzuschwimmen. Gewaltig nicht nur wegen der allgemeinen Dimensionen, sondern vor allem auch wegen der Sitzenhöhe (was alle Fahrberichte kritisierten). Der speziell entwickelte Kastenrahmen mit Anlenkung für das hintere Federbein hatte abschraubbare Unterzüge und war ganz in Silber lackiert. Der 1000er-Einspritzmotor war mehr auf Drehmoment als auf Spitzenleistung ausgelegt und glich auch in dieser Beziehung den Geländetourern der Konkurrenz, die ebenfalls mit rahmenfester Verkleidung und Platz ohne Ende aufwarten konnten. Leider fand die Quota unter den Käufern nur bedingt Akzeptanz, und Anfang der 90er war sie auf einigen Märkten – etwa in Deutschland – gar nicht verfügbar.

Motorrad:	Quota 1000
Produktionszeit:	1992 – 1997
Motor:	2-Zyl OHV/2V
Hubraum:	948,8 cm³
Bohrung x Hub:	88 x 78 mm
Verdichtung:	9,1:1
Leistung:	71 PS / 6600/min
Gemischaufber.:	Weber-Marelli komb. Zünd-Einspritzanlage
Kupplung:	Doppelscheibe
Getriebe:	5 Gänge
Rahmen:	Stahlprofilrahmen
Radstand:	1610 mm
Federung vorn:	Telegabel Marzocchi, voll einstellbar
Federung hinten:	Zentralfederbein, Doppelschwinge
Reifen vorn:	90/90-21, Schlauch
Reifen hinten:	130/70-18, Schlauch
Bremse vorn:	Doppelscheibe, 280 mm, 2-Kolbenzange
Bremse hinten:	Scheibe, 260 mm, schwimm. 2-Kolbenzange
Leergewicht:	256 kg
Tankinhalt:	20 Liter
Höchstgeschw.:	190 km/h

Quota 1100 ES

Im Jahre 1997 war es an der Zeit, eine neue Quota vom Stapel zu lassen. Sie folgte dem Konzept der Vorgängerin, wies aber sinnvolle Modifikationen auf. Auffällig waren der große Motor mit 1064 cm^3 und 92 Nm Drehmoment schon bei 3800/min, das Boge-Federbein mit stufenlos verstellbarer Federbasis und vor allem die niedrigere Sitzhöhe. Gute Noten erhielt die Quota für das Bremssystem: Wie schon beim Vorgänger fanden Stahlflexleitungen Verwendung, neu dagegen waren die größeren vorderen Bremsscheiben mit 296 mm Durchmesser.

Motorrad:	Quota 1100 ES
Produktionszeit:	1997
Motor:	2-zyl OHV/2V
Hubraum:	1064 cm^3
Bohrung x Hub:	92 x 80 mm
Verdichtung:	9,5:1
Leistung:	74 PS / 6800/min
Gemischaufber.:	Weber-Marelli komb. Zünd-Einspritzanlage
Kupplung:	Doppelscheibe
Getriebe:	5 Gänge
Rahmen:	Stahlprofilrahmen
Radstand:	1600 mm
Federung vorn:	Telegabel Marzocchi, voll einstellbar
Federung hinten:	Zentralfederbein, Doppelschwinge
Reifen vorn:	90/90-21
Reifen hinten:	130/80-R17
Bremse vorn:	Doppelscheibe, 296 mm, Zweikolbensattel
Bremse hinten:	Scheibe, 260 mm, Zweikolbensattel
Leergewicht:	264 kg (getankt)
Tankinhalt:	20 Liter
Höchstgeschw.:	190 km/h

Daytona 1000

Als die Daytona im Herbst 1991 in Produktion ging, markierte sie den Beginn einer neuen Ära im Bau der großen Zweizylinder von Moto Guzzi. Motor- und fahrwerktechnisch basierte sie auf dem Rennprototyp des fast schon legendären »Doktor John«, einem rennbegeisterten Zahnarzt, der sich mittlerweile als Produktentwickler bei Guzzi etabliert hatte. Das Fahrwerk mit Cantileverschwinge und Drehmomentabstützung samt Zentralrohrrahmen wurde fast unverändert vom Racer übernommen. Für Vortrieb sorgte ein komplett neuer Motor mit oben liegenden Nockenwellen, vier Ventilen pro Zylinder und elektronischer Einspritzung. Der Hubraum rückte mit 992 cm³ der Einlitermarke näher. Bei der deutschen Einführung kostete sie stolze DM 27.500.–, ein Preis, der dann aber rasch sank.

Motorrad:	Daytona 1000
Produktionszeit:	1991 – 1995
Motor:	2-Zyl CIH (cam-in-head)/4V
Hubraum:	992 cm³
Bohrung x Hub:	90 x 78 mm
Verdichtung:	10:1
Leistung:	93 PS (68 kW) / 8000/min
Gemischaufber.:	Weber-Marelli Zünd-Einspritzanlage
Kupplung:	Doppelscheiben-Trockenkupplung
Getriebe:	5 Gänge
Rahmen:	Zentralrohrrahmen aus Chrom-Molybdän
Radstand:	1480 mm
Federung vorn:	Marzocchi 41 mm Telegabel
Federung hinten:	Cantilever-Schwinge, Drehmomentabstützung, Koni Federbein
Reifen vorn:	120/70 ZR 17
Reifen hinten:	160/60 ZR 18
Bremse vorn:	Doppelscheibe, 300 mm, schwimmend
Bremse hinten:	Scheibe, 260, fest
Leergewicht:	240 kg (getankt)
Tankinhalt:	23 Liter
Höchstgeschw.:	224 km/h

Sport 1100

Motorrad:	Sport 1100
Produktionszeit:	1994 – 96
Motor:	2-Zyl OHV/2V
Hubraum:	1064 cm³
Bohrung x Hub:	92 x 80 mm
Verdichtung:	10,5:1
Leistung:	90 PS (66 kW) / 7800/min
Gemischaufber.:	2 x Dell'Orto PMH 40, Zündung elektronisch
Kupplung:	Doppelscheiben-Trockenkupplung
Getriebe:	5 Gänge
Rahmen:	Zentralrohrrahmen aus Chrom-Molybdän
Radstand:	1495 mm
Federung vorn:	Marzocchi 41 mm Telegabel
Federung hinten:	Cantilever-Schwinge mit Drehmomentabstützung
Reifen vorn:	120/70 ZR 17
Reifen hinten:	160/60 ZR 17
Bremse vorn:	Doppelscheibe, 320 mm, schwimmend
Bremse hinten:	Scheibe, 260 mm
Leergewicht:	232 kg (getankt)
Tankinhalt:	19 Liter
Höchstgeschw.:	225 km/h

Die 1994 eingeführte 1100 Sport verdankte den größeren Hubraum dem ehrwürdigen Vergaser-Zweiventilmotor der California. Fahrwerktechnisch war sie mit der ersten Ausführung der Daytona 1000 identisch, hatte jedoch größere Bremsscheiben vorn (320 mm) sowie ein schmaleres Rahmenheck. Die Sport sollte die weniger anspruchsvollen Guzzi-Kunden, denen eine Daytona zu teuer gewesen wäre, ansprechen. Gleichwohl kostete die Sport – trotz Zweiventiltechnik und Gemischaufbereitung per Vergaser – kaum weniger als eine Daytona. Gleichwohl gefiel die Optik der Sport den meisten Kunden viel besser als die der Daytona. Die neue Sitzbank und der um vier Liter kleinere Tank verliehen der Sport ein viel moderneres Aussehen. Für Puristen bildeten auch die beiden Dell'Orto-Vergaser gewichtige Argumente, welche für die Anschaffung einer Sport sprachen.

Daytona RS

Nach vier Produktionsjahren veränderte sich die Daytona in Richtung der kurz zuvor eingeführten 1100 Sport, wobei die spitz zulaufende Sitzbank das deutlichste Merkmal darstellte. Weitere Änderungen waren die nun geschlossenen Schwingenträger hinter dem Getriebe und der vor dem Motor liegende Ölkühler, kurzum: Guzzi hatte die ganze Maschine erheblich aufgepeppt, rückte sein Flaggschiff dadurch aber ziemlich in die Nähe der 1100 Sport. Die technischen Änderungen umfassten eine Upside-Down-Gabel von White Power, eine größere und effektivere Vorderbremse (stammte von der 1100 Sport) sowie eine auf 102 PS leicht gestiegene Leistung.

Motorrad:	Daytona RS
Produktionszeit:	1996
Motor:	2-Zyl CIH/4V
Hubraum:	992 cm^3
Bohrung x Hub:	90 x 78 mm
Verdichtung:	10,5:1
Leistung:	102 PS (75 kW) / 8400/min
Gemischaufber.:	Weber-Marelli, Alfa-n

Kupplung:	Doppelsch.-Trockenkupplung	**Reifen vorn:**	120/70 ZR 17
Getriebe:	5 Gänge	**Reifen hinten:**	160/60 ZR 17
Rahmen:	Zentralrohrrahmen aus Chrom-Molybdän	**Bremse vorn:**	Doppelscheibe, 320 mm, schwimmend
Radstand:	1475 mm	**Bremse hinten:**	Scheibe, 282 mm
Federung vorn:	White Power Telegabel	**Leergewicht:**	223 kg (getankt)
Federung hinten:	Cantilever-Schwinge, Drehmomentabstützung	**Tankinhalt:**	19 Liter
		Höchstgeschw.:	240 km/h

Sport 1100i

1996 präsentierte sich die 1100 Sport (ebenso wie auch die Daytona 1000) in neuer Garderobe. Die Guzzi-Techniker versahen sie mit der bekannten Weber-Marelli-Einspritzung und den Hohlspeichenrädern mit drei Speichen und komplettierten das neue Fahrwerk mit den hochwertigen Federelemente von White Power. Im Grunde genommen blieb von der alten Sport 1100 lediglich der Zweiventilmotor übrig, und selbst der war überarbeitet worden, so zum Beispiel am Schmiersystem mit separatem Ölkühler oder der Kupplung.

Motorrad:	Sport 1100i
Produktionszeit:	1996
Motor:	2-Zyl OHV/2V
Hubraum:	1064 cm^3
Bohrung x Hub:	92 x 80 mm
Verdichtung:	9,5:1
Leistung:	90 PS (66 kW) / 7800/min
Gemischaufber.:	Weber-Marelli Alfa-n
Kupplung:	Doppelscheiben-Trockenkupplung
Getriebe:	5 Gänge
Rahmen:	Zentralrohrrahmen aus Chrom-Molybdän
Radstand:	1475 mm
Federung vorn:	White Power Telegabel
Federung hinten:	Cantilever-Schwinge mit Drehmomentabstützung
Reifen vorn:	120/70 ZR 17
Reifen hinten:	160/70 ZR 17
Bremse vorn:	Doppelscheibe, 320 mm, schwimmend
Bremse hinten:	Scheibe, 282 mm
Leergewicht:	221 kg (getankt)
Tankinhalt:	19 Liter
Höchstgeschw.:	230 km/h

V 10 Centauro GT und Sport

Als halb Mensch, halb Pferd beschrieb die griechische Mythologie ein Fabelwesen namens Zentaur, und die Centauro wurde auch bei deren Einführung im Herbst 1996 mit gemischten Gefühlen empfangen. Technisch stellte sie eine Daytona mit Vierventilmotor dar; sie war allerdings auf mehr Drehmoment ausgelegt und deshalb um 7 PS schwächer als die Sportmaschine. Dafür entwickelte sie über 70 Nm schon bei 3000/min, der Spitzenwert von 88 Nm lag schon bei 5800 Touren an. Im Fahrwerk entsprach sie der Daytona, sie hatte also auch die White Power-Federelemente und die gleiche, massive Bremsanlage. Eine zweite Variante mit Cockpitverkleidung und Kohlefaser-Schalldämpfern erschien 1997, sie wurde auf einigen Märkten als Centauro Sport verkauft.

Motorrad:	V 10 Centauro
Produktionszeit:	1996
Motor:	2-Zyl OHV/4V
Hubraum:	992 cm^3
Bohrung x Hub:	90 x 78 mm
Verdichtung:	10,5:1
Leistung:	95 PS (70 kW) / 8200/min
Gemischaufber.:	Weber-Marelli
Kupplung:	Doppelscheiben-Trockenkupplung
Getriebe:	5 Gänge
Rahmen:	Zentralrohrrahmen aus Chrom-Molybdän
Radstand:	1475 mm
Federung vorn:	White Power Telegabel
Federung hinten:	Cantilever-Schwinge mit Drehmomentabstützung
Reifen vorn:	120/70 ZR 17
Reifen hinten:	160/60 ZR 17
Bremse vorn:	Doppelscheibe, 320 mm, schwimmend
Bremse hinten:	Scheibe, 282 mm
Leergewicht:	224 kg (getankt)
Tankinhalt:	18 Liter
Höchstgeschw.:	218 km/h

V 11 Sport

Dieses Schmuckstück ging im Sommer 1999 in Produktion und wies mit den grünlackierten Chassisteilen und dem roten Rahmen eindeutig Züge der legendären 750 Sport von 1972 auf. Technisch verbarg sich unter dem Tank ein leicht geänderter Centauro-Rahmen, alle übrige Anbauteile aber waren eigens für das Modell entwickelt worden. Die Auslegung des Motors war identisch mit der der anderen großvolumigen Guzzis dieser Zeit, in Sachen Motorleistung – immerhin kam die V 11 Sport auf stolze 90 PS – überflügelte sie diese aber deutlich.

Über mehrere Sondermodelle hinweg entwickelte sich dieses Konzept weiter. Die nackte Basis-Sport verschwand zur Saison 2004 aus dem Programm, da die neu eingeführten Modellvarianten der Café Sport alle Kundenwünsche besser erfüllen.

Motorrad:	V 11 Sport
Produktionszeit:	Ab 1999
Motor:	2-Zyl OHV/4V
Hubraum:	1064 cm^3
Bohrung x Hub:	92 x 80 mm
Verdichtung:	9,5:1
Leistung:	90 PS / 7800/min
Gemischaufber.:	Magneti-Marelli IAW 1,5 Multipoint
Kupplung:	Zweischeiben-Trockenkupplung
Getriebe:	6 Gänge
Rahmen:	Zentralrohrrahmen aus Vierkantstahl
Radstand:	1475 mm
Federung vorn:	Upside-Down Telegabel
Federung hinten:	Zentralfederung, Doppelschwinge m. Momentabstützung
Reifen vorn:	120/70ZR17
Reifen hinten:	160/60ZR17
Bremse vorn:	Doppelscheibe, 320 mm
Bremse hinten:	Scheibe, 282 mm
Leergewicht:	230 kg (getankt)
Tankinhalt:	20 Liter

V 11 Rosso Mandello

Auf der Intermot in München wurde im September 2000 dieses Sondermodell vorgestellt. Technisch handelte es sich dabei um eine V 11 Sport, bot aber etwas mehr fürs Auge. Im Vergleich zur Sport zeigte sie sich mit einigen Carbon-Teilen und Rot eloxierten Aluminium-Teilen aufgewertet. Die auf nur 300 Stück limitierte Serie wurde zur Feier des 80-jährigen Firmenjubiläums 2001 gebaut, und der Modellname bezog sich nicht nur auf die roten Sonderteile, sondern auch auf den Geburtsort der Marke.

Motorrad:	V 11 Rosso Mandello
Produktionszeit:	Nur 2001
Stückzahl:	300
Motor:	2-Zyl, OHV/2V
Hubraum:	1064 cm^3
Bohrung x Hub:	92 x 80 mm
Verdichtung:	9,5 :1
Leistung:	91 PS (67 kW) / 7800/min
Gemischaufber.:	Elektronische Einspritzung, CDI
Kupplung:	Einscheiben Trockenkupplung, hydraul.
Getriebe:	6 Gänge, Kardan
Rahmen:	Zentralrohrrahmen, Motor mittragend
Radstand:	1471 mm
Federung vorn:	Marzocchi Upside-Down, 40 mm
Federung hinten:	Cantilever Schwinge, Sachs voll einstellbar
Reifen vorn:	120/70-17
Reifen hinten:	170/60-17
Bremse vorn:	2 x 320 mm Scheiben, 4-Kolben Brembo
Bremse hinten:	282 mm Scheibe, 2-Kolbenzange
Leergewicht:	219 kg (getankt)
Tankinhalt:	ca. 22 Liter
Höchstgeschw.:	über 200 km/h

V 11
Sport Scura

Die auf 300 Exemplare limitierte Rosso Mandello wurde schnell ausverkauft. Nach der Übernahme durch Aprilia legte das Werk nach und stellte die »Sport Scura« vor. Es handelte sich dabei um eine sehr noble Variante der Rosso Mandello. Die Scura verfügt über Federelemente von Öhlins und hat weniger Kohlefaser als die Mandello, aber einen deutlich höheren Preis als die normale V 11: 2002 kostet die Basis-V 11 in Deutschland 11.190 Euro, die Sport Scura 12.750 Euro: Nicht wenig für eine Maschine, die im Grunde genommen nicht mehr bietet als die kaum weniger schmucke Basis.

Motorrad:	Sport Scura
Produktionszeit:	2002
Motor:	2-Zyl OHV/2V
Hubraum:	1064 cm³
Bohrung x Hub:	92 x 80 mm
Verdichtung:	9,5:1
Leistung:	91 PS/ 7 800/min
Gemischaufber.:	Weber-Marelli
Kupplung:	Zweischeiben-Trocken
Getriebe:	6 Gänge
Rahmen:	Zentralrohr, Motor mittragend
Radstand:	1471 mm
Federung vorn:	Telegabel, Öhlins voll einstellb.
Federung hinten:	Zentralfederbein, Öhlins
Reifen vorn:	120/70-17
Reifen hinten:	170/60-17
Bremse vorn:	Doppelscheibe 320 mm
Bremse hinten:	Scheibe 282 mm
Leergewicht:	220 kg (getankt)
Tankinhalt:	ca. 22 Liter
Höchstgeschw.:	über 200 km/h

V 11
Le Mans

Als 2001 die Le Mans kam, stellte sie mehr dar als eine Verbeugung vor den alten Le Mans-Modellen, deren Karriere Ende der 70er begann. Es war das erste neue Modell unter Aprilia-Regie und die verbesserte Qualitätskontrolle führte zu einer spürbar besseren Fahrstabilität, was langjährige Guzzi-Fahrer dankbar vermerkten. Ein etwas gestreckter Rahmen, neue Streben zwischen Motor und Rahmen samt ein breiterer Hinterreifen verhalfen der Le Mans zu einem deutlichen Vorteil gegenüber der V 11 Sport: Die neue Le Mans ist, dank der Fahrwerksverbesserungen, weit mehr als eine V 11 mit einer auffallend großen Verkleidung, auch wenn die Technik sonst gleich ist. Eine Sondervariante im ersten Modelljahr ist die V 11 Le Mans Tenni, benannt nach dem Rennfahrer Omoboto Tenni. Die Maschine hat eine mattgrün lackierte Verkleidung, weiße Nummerntafeln und einen Sitzbankbezug aus Wildleder. Sie verfügt auch über die leichte Rennkupplung sowie ein überarbeitetes Getriebe.

Motorrad:	Le Mans
Produktionszeit:	Ab 2001
Motor:	2-Zyl OHV/2V
Hubraum:	1064 cm³
Bohrung x Hub:	92 x 80 mm
Verdichtung:	9,8:1
Leistung:	91 PS/ 8 200/min
Gemischaufber.:	Weber-Marelli, d=45 mm
Kupplung:	Zweischeiben-Trocken
Getriebe:	6 Gänge
Rahmen:	Zentralrohr

Radstand:	1490 mm
Federung vorn:	Telegabel, voll einstellb.
Federung hinten:	Zentralfederbein
Reifen vorn:	120/70-17
Reifen hinten:	180/55-17
Bremse vorn:	Doppelscheibe 320 mm
Bremse hinten:	Scheibe 282 mm
Leergewicht:	226 kg (getankt)
Tankinhalt:	ca. 21 Liter
Höchstgeschw.:	220 km/h

V 11 Café Sport/ Ballabio/ Coppa Italia

Zur Saison 2004 wurde die V 11 Sport durch die Café Sport ersetzt. Vordergründig handelte es sich lediglich um eine Maschine mit einer leicht veränderten Sitzposition, doch das bedeutete plötzlich sehr viel. In der Presse, in der die Sport bis jetzt lediglich müdes Interesse geerntet hat, mutierte die Café Sport dank der aufrechten Sitzposition zum Liebling der Tester. Der gerade Rohrlenker machte aus der Sport eine Spaßmaschine, obwohl der Rest der Technik praktisch unverändert geblieben war – mit kleinen, aber entscheidenden Unterschieden:

Die hintere Felge ist gewachsen und dort überträgt jetzt ein 180er Reifen das Drehmoment auf den Asphalt, und auch der Radstand ist gewachsen: Diese Modifikationen sind zuvor erstmals an der Le Mans gesichtet worden. Zwei Varianten, Café und Ballabio, unterscheiden sich nur durch die teueren Öhlins-Federelemente und Details aus Kohlefaser von der Café Sport. Die dritte Variante ist die Coppa Italia – kein Eisbecher, sondern eine Cafè Sport mit einer in den italienischen Nationalfarben Aufsehen erregenden Lackierung.

Motorrad:	Café Sport
Produktionszeit:	Ab 2003
Motor:	2-Zyl OHV/2V
Hubraum:	1064 cm³
Bohrung x Hub:	92 x 80 mm
Verdichtung:	9,8:1
Leistung:	91 PS/ 8 200/min
Gemischaufber.:	Weber-Marelli, d=45 mm
Kupplung:	Zweischeiben-Trocken
Getriebe:	6 Gänge
Rahmen:	Zentralrohr
Radstand:	1490 mm
Federung vorn:	Telegabel, Öhlins voll einstellb.
Federung hinten:	Zentralfederbein, Öhlins
Reifen vorn:	120/70-17
Reifen hinten:	180/55-17
Bremse vorn:	Doppelscheibe 320 mm
Bremse hinten:	Scheibe 282 mm
Leergewicht:	226 kg (getankt)
Tankinhalt:	ca. 21 Liter
Höchstgeschw.:	über 200 km/h

V 11 Le Mans Rosso Corsa/Nero Corsa/Le Mans

Seit 2003 sind alle Moto Guzzi mit geregeltem Dreiwege-Katalysator ausgestattet, so auch die zweite Generation der Le Mans-Reihe. Das Basis-Modell entspricht weitgehend der ersten Ausführung, aber die beiden Corsa-Varianten, Rosso und Nero – von einander lediglich in der Farbe zu unterscheiden – tragen vorn und hinten exklusivere Federelemente von Öhlins sowie einen Bitubo-Lenkungsdämpfer. Die Rosso Corsa ist die exklusivere Variante von den beiden, da sie unter dem Klarlack ein angedeutetes Schachmuster in zwei roten Schattierungen zeigt.

Motorrad:	Le Mans Corsa
Produktionszeit:	Ab 2003
Motor:	2-Zyl OHV/2V
Hubraum:	1064 cm³
Bohrung x Hub:	92 x 80 mm
Verdichtung:	9,8:1
Leistung:	91 PS/ 8 200/min
Gemischaufber.:	Weber-Marelli, d=45 mm
Kupplung:	Zweischeiben-Trocken
Getriebe:	6 Gänge
Rahmen:	Zentralrohr
Radstand:	1490 mm
Federung vorn:	Telegabel, voll einstellb. (Corsa=Öhlins)
Federung hinten:	Zentralfederbein (Corsa=Öhlins)
Reifen vorn:	120/70-17
Reifen hinten:	180/55-17
Bremse vorn:	Doppelscheibe 320 mm
Bremse hinten:	Scheibe 282 mm
Leergewicht:	226 kg (getankt)
Tankinhalt:	ca. 21 Liter
Höchstgeschw.:	220 km/h

Breva V 750 IE

Neu eingeführt zur Saison 2003, stellte die Breva einen für Guzzi neuen Ansatz dar. Sie wich mit dem modernen Fahrwerk und dem kleinen, neu entwickelten Motor von der bislang üblichen Philosophie des Hauses deutlich ab. Und so fährt sie sich auch, leicht, handlich und mit Biss. Trotz der geringeren Abmessungen findet sogar der Beifahrer einen bequemen Platz. Der Motor mag nicht ganz 50 PS liefern, aber die sind wenigstens alle da. Die Leistungsentfaltung erfolgt über ein sehr breites Register, ein Merkmal, das normalerweise sonst nur die größeren Motoren auszeichnet. Technisch ist der Zweizylinder hochmodern und wird selbstverständlich mit Dreiwege-Katalysator ausgestattet.

Motorrad:	Breva 750 IE
Produktionszeit:	Ab 2003
Motor:	2-Zyl OHV/2V
Hubraum:	744 cm³
Bohrung x Hub:	80 x 74 mm
Verdichtung:	9,6:1
Leistung:	48 PS/ 6 800/min
Gemischaufber.:	Weber-Marelli
Kupplung:	Einscheiben-Trocken
Getriebe:	5 Gänge
Rahmen:	Doppelschleifen

Radstand:	1449 mm
Federung vorn:	Telegabel
Federung hinten:	Alu-Doppelschwinge
Reifen vorn:	110/70-17
Reifen hinten:	130/80-17
Bremse vorn:	Scheibe 320 mm
Bremse hinten:	Scheibe 260 mm
Leergewicht:	182 kg (getankt)
Tankinhalt:	ca. 18 Liter
Höchstgeschw.:	175 km/h

Breva 1100

Ein ganz normales Tourenmotorrad hat es im Moto-Guzzi-Programm schon lange nicht mehr gegeben, ein Mainstream-Motorrad für alle Fälle. Der bullige Antrieb mit dem neuen Evo-Motor als Herzstück sitzt in einem Rahmen aus Rohren und Gussteilen. Mit ihrer unspektakulären Optik ist sie nicht unbedingt eine typische Guzzi, aber eine moderne. Daher ist sie auch mit modernster Gemischaufbereitung und Abgasreinigung nach Euro-3-Regeln ausgestattet. Das Fahrwerk ist weniger sportlich als üblich ausgelegt, und die Gabel ist nur in der Federvorspannung einzustellen, was dem anvisierten Einsatzzweck genügt. Überdies ermöglicht ein Matrix-Display die Kommunikation mit dem Motorrad: Infotainment, ohne dass der Fahrer die Hände vom Lenker nehmen muss. Exklusives Touring-Zubehör komplettiert das Paket.

Motorrad:	Breva 1100	**Federung vorn:**	Telegabel, Federvorspannung einstellbar
Produktionszeit:	Ab Juni 2005	**Federung hinten:**	Einarmschwinge, progressive Umlenkung, Federvorspannung und Zugdämpfung einstellbar
Stückzahl:	k.A.		
Motor:	2-Zyl., OHV/2V		
Hubraum:	1064 cm³		
Bohrung x Hub:	92/80 mm		
Verdichtung:	9,8:1	**Reifen vorn:**	120/70-17
Leistung:	61,8 kW/7800/min	**Reifen hinten:**	180/55-17
Gemischaufber.:	Elektronisch, Weber-Marelli	**Bremse vorn:**	Scheiben, 320 mm
Kupplung:	Trockenkupplung	**Bremse hinten:**	Scheibe, 282 mm
Getriebe:	6 Gänge	**Leergewicht:**	233 kg (mit Tourenscheibe und Hauptständer)
Rahmen:	Zerlegbarer Doppel-Rohrrahmen mit Gusssektionen		
		Tankinhalt:	24 Liter
Radstand:	1500 cm	**Höchstgeschw.:**	k. A.

V 7 Ippogrifo

Das Motorrad, das nie auf den Markt kam, aber immer wieder vorgestellt wurde: Die Ippogrifo, die dem Fabeltier Hippogryph (halb Pferd, halb Adler) ihren Namen verdankte. Nach populärem Streetfighter-Konzept aufgebaut, sollte ein 750er V-Motor für Vortrieb sorgen, der ursprünglich als Leichttriebwerk für den Flugzeugbau entwickelt worden war. Die zur Verfügung stehenden – eher bescheidenen – 58 PS sollten trotzdem eine Spitze von fast 200 km/h ermöglichen. Zu den technischen Innovationen dieser Stylingstudie gehörten die Drehmomentabstützung der Schwinge mit dem rechts eingebauten Federbein sowie ein 6-Gang-Getriebe. Doch das genügte anscheinend nicht, um die Enthusiasten zu überzeugen.

Motorrad:	V 7 Ippogrifo
Produktionszeit:	Studie
Motor:	2-Zyl OHV/2V
Hubraum:	749,9 cm^3
Bohrung x Hub:	82 x 71 mm
Verdichtung:	9,5:1
Leistung:	58 PS / 7500/min
Gemischaufber.:	Sequentielle Einspritzung Weber Marelli
Kupplung:	Doppelscheiben-Trockenkupplung
Getriebe:	6 Gänge
Rahmen:	Rundrohrrahmen
Federung vorn:	Telegabel
Federung hinten:	Doppelschwinge mit seitlich platziertem Federbein
Reifen vorn:	110/90 18
Reifen hinten:	150/70 17
Bremse vorn:	Scheibe, 320 mm
Bremse hinten:	Scheibe, 276 mm
Leergewicht:	200 kg (getankt)
Tankinhalt:	18 Liter

V 11 GT

Die wachsende Popularität der Supertourer ließ Moto Guzzi keine Ruhe und so entstand 1998 die Studie V 11 GT. Aus dem gut sortierten Baukasten wählten die Guzzi-Techniker den großvolumigen Motor der California, griffen zum Rahmen der Centauro und komplettierten das Fahrwerk mit den Komponenten der Sportfraktion des Herstellers. Als Touringmaschine bot die GT daher ein hohes Maß an sportlichen Qualitäten. Nach der Premiere in München 1998 erfolgten im Verlauf des Jahres 1999 umfangreiche Fahrversuche.

Motorrad:	V 11 GT
Produktionszeit:	Studie
Motor:	2-Zyl OHV/2V
Hubraum:	1064 cm^3
Bohrung x Hub:	92 x 80 mm
Verdichtung:	9,5:1
Leistung:	86 PS / 7600/min
Gemischaufber.:	Magneti Marelli IAW 1,5 Multipoint
Kupplung:	Zweischeiben-Trockenkupplung
Getriebe:	6 Gänge
Rahmen:	Zentralrohrrahmen aus Vierkantprofil
Radstand:	1503 mm
Federung vorn:	Upside-Down Telegabel
Federung hinten:	Zentralfederbein, Doppelschwinge
Reifen vorn:	120/70ZR17
Reifen hinten:	160/60ZR17
Bremse vorn:	Doppelscheibe, 320 mm
Bremse hinten:	Scheibe, 282 mm
Leergewicht:	265 kg (getankt)
Tankinhalt:	24 Liter
Höchstgeschw.:	210 km/h

MGS-01 Corsa

Nach den gelungenen Sondermodellen der Firma Ghezzi et Brian, südlich von Mandello, die über die alte Technik der Fünfgang-Modelle verfügten, wurde Giuseppe Ghezzi beauftragt, eine Weiterentwicklung des Sportkonzepts bei Guzzi zur Rennreife zu bringen. Diese für nationale Zweizylinder-Rennen konzipierte MGS wurde zur Freude aller Marken-Enthusiasten im Herbst 2003 als 122, später 128 PS starke Rennmaschine vorgestellt. Während des Winters 2003-2004 wurde das Ausstellungsstück verschiedentlich mit Beleuchtung ausgestellt, doch inzwischen ist klar: Das hier ist eine pure Rennmaschine, und eine Homologation für den Straßenverkehr wird es nicht geben. Neben dem schlanken Rahmen, den feinen Öhlins-Federelementen vorn und hinten verdient vor allem der Motor Beachtung: Details wie Cosworth-Kolben, Carillo-Pleuel und richtige Lager anstelle früherer Schalen sind Merkmale echter Rennmotoren. Die Maschine, fahrfertig keine 200 kg schwer, empfiehlt sich dank dem kurzen Radstand und dem exklusiven Fahrwerk als Renngerät für den Clubsport oder verschiedene Viertaktrennserien.

Motorrad:	MGS-01 Corsa
Produktionszeit:	Ab 2005
Stückzahl:	k.A.
Motor:	2-Zyl., OHC/4V
Hubraum:	1225 cm³
Bohrung x Hub:	100/80 mm
Verdichtung:	11,6:1
Leistung:	128 PS/8000/min
Gemischaufber.:	Marelli IAW 15M elektronisch digital
Kupplung:	Trocken-Doppelscheibenkupplung, gesintert
Getriebe:	6 Gänge
Rahmen:	Brückenrahmen ALS 450
Radstand:	1450 cm
Federung vorn:	Telegabel 43 mm Öhlins voll einstellbar
Federung hinten:	Alusektionen, Öhlins 4-mal einstellbar
Reifen vorn:	120/60-17, Michelin Slicks S1246A
Reifen hinten:	180/55-17, Michelin Slicks S1835A
Bremse vorn:	Scheiben, 320 mm, radiale Bremszangen
Bremse hinten:	Scheibe, 220 mm
Leergewicht:	192 kg
Tankinhalt:	18,5 Liter
Höchstgeschw.:	k. A.

Griso

Auf der Intermot 2002 wurde die Griso als Studie vorgestellt, zunächst mit dem alten Vierventiler der Daytona. Zwei Jahre später herrschte endlich Klarheit: der Street-Cruiser mit Fighter-Seele kommt 2005. Rund um den neuen; 1064 Kubik großen V-Motor wurde ein knappes Karosseriekleidchen geschneidert, dominiert von zwei durchgezogenen Rundrohren, die den flachen Tank umklammern. Das Rezept hat sich Moto Guzzi bei den Power-Cruisern der Konkurrenz abgeguckt: viel Motor, wenig Ausstattung. Der Motor bildet den Mittelpunkt und soll, dank der gekreuzten Auspuffkrümmer, Aggressivität ausstrahlen. Leistung signalisiert auch das Fahrwerk mit voll einstellbarer Gabel und ebenfalls voll einstellbarem Zentralfederbein, das über Umlenkung arbeitet. Die Sitzbank bietet einem Beifahrer nur bedingt Komfort, aber darum geht es hier gar nicht – es geht nur um die nackte Technik. Kennzeichen der Griso ist der 1100er Motor, bei dem praktisch das gesamte Innenleben erneuert wurde und der die 650 Watt starke Lichtmaschine zwischen den Zylindern trägt.

Motorrad:	Griso
Produktionszeit:	Ab Oktober 2005
Stückzahl:	k.A.
Motor:	2-Zyl., OHV/2V
Hubraum:	1064 cm³
Bohrung x Hub:	92/80 mm
Verdichtung:	9,8:1
Leistung:	65 kW/8000/min
Gemischaufber.:	Elektronisch, Weber-Marelli
Kupplung:	Trockenkupplung
Getriebe:	6 Gänge
Rahmen:	Zerlegbarer Doppel-Rohrrahmen
Radstand:	1543 cm
Federung vorn:	Telegabel, voll einstellbar
Federung hinten:	Einarmschwinge, progressive Umlenkung, voll einstellbares Federbein
Reifen vorn:	120/70-17
Reifen hinten:	180/55-17
Bremse vorn:	Scheiben, 320 mm
Bremse hinten:	Scheibe, 282 mm
Leergewicht:	229 kg
Tankinhalt:	17 Liter
Höchstgeschw.:	k. A.

Kleine Zweitaktmodelle

Von 1946 an bis zum Jahre 1982 gab es im Programm von Moto Guzzi immer zumindest ein Zweitaktmodell. Einige davon waren Fehlschläge, andere oft verzweifelte Versuche, marktwirtschaftliche Vorteile aus den Kleinen zu schlagen. Die erste in der Reihe, die Motoleggera, war aber ein Volltreffer und gehörte zu jener Gattung Motorräder, die die italienische Nachkriegszeit mobil machte. Die Reihe Kleinkrafträder setzte sich über Cardellino (1954 – 65) bis hin zur Dingo (1963 – 76) in einer Reihe fort. Die Varianten des letzten Modells sind allerdings zu zahlreich, um hier vollständig aufgelistet zu werden.

Moto-leggera 65

Moto Guzzi hatte 1946 noch keinerlei Erfahrung mit Zweitaktern, landete aber trotzdem auf Anhieb einen Volltreffer. Der Drehschieber gesteuerte Single lieferte aus seinen 65 cm³ zwar nur 2 PS bei 5000 Umdrehungen, lief aber gut 50 km/h. Der von Guzzi konzipierte Rahmen war nicht für den Zweimannbetrieb ausgelegt, doch viele Besitzer ignorierten diesen Schönheitsfehler und montierten Extrasättel oder große Ladebrücken. Das Fahrgestell federte vorn über eine Trapezgabel und hinten über zwei horizontal angelenkte Federn. Der Rahmen selber bestand eigentlich aus einem einzigen, diagonal verlaufenden Rohr, das vom Lenkkopf bis zur Hinterradschwinge hinter dem Motor führte. Die Motoleggera genoss eine enorme Popularität und erlebte in den Jahren 1946 bis 1954 nur geringe Veränderungen, darunter die Einführung einer Hupe 1948!

Motorrad:	Motoleggera 65
Produktionszeit:	1946 – 54
Motor:	1-Zyl 2-Takt Drehschieber
Hubraum:	64 cm³
Bohrung x Hub:	42 x 46 mm
Verdichtung:	5,5:1
Leistung:	2 PS / 5000/min
Gemischaufber.:	Dell'Orto MA 13, Schwungradmagnet
Kupplung:	Mehrscheiben-Nasskupplung
Getriebe:	3 Gänge, manuell
Rahmen:	Zentralrohrrahmen
Radstand:	1200 mm
Federung vorn:	Trapezgabel
Federung hinten:	Starr
Reifen vorn:	26 x 1 3/4 (Fahrradtyp)
Reifen hinten:	26 x 1 3/4 (Fahrradtyp)
Bremse vorn:	Trommel
Bremse hinten:	Trommel
Leergewicht:	45 kg
Tankinhalt:	6,5 Liter
Höchstgeschw.:	50 km/h

Cardellino

Bei ihrer Einführung Ende 1953 war die Cardellino nicht mehr als eine modernisierte Motoleggera. Sie verkraftete nun eine schwerere Beladung, hatte ein deutlich stabileres Rahmenheck und eine viel stärkere Schwinge. Die Vollnabenbremse und eine ungedämpfte Telegabel folgten 1956. Später, aber noch im gleichen Jahr, wurde der Motor auf 73 cm³ vergrößert. Moderne Zeiten kamen 1958 mit der Lusso. Sportliche Linien, Sportlenker, Doppelsitzbank und Reibungsdämpfung für die Hinterhand waren deren Merkmale. Die Nuovo Cardellino war das Alltagsmodell, technisch aber mit der Lusso baugleich. Bei beiden erhöhte sich die Leistung auf 2,6 PS bei quadratisch ausgelegtem (46 x 46 mm) Motor. Die letzte Ausführung von 1961 hatte eine Vollschwinge hinten mitsamt zwei hydraulisch gedämpften Federbeinen. Der Motor wuchs in den letzten drei Produktionsjahren auf 83 cm³ (48 x 46 mm), seine Leistung betrug 2,9 PS bei 5200/min.

Motorrad:	Cardellino
Produktionszeit:	1954 – 65
Motor:	1-Zyl 2-Takt Drehschieber
Hubraum:	64 cm³, 73 cm³, 83 cm³
Bohrung x Hub:	42 x 46 mm, 45 x 46 mm, 48 x 46 mm
Verdichtung:	5,5:1
Leistung:	2 PS / 5000/min, 2,6 PS / 5200/min, 2,9 PS / 5200/min
Gemischaufber.:	Dell'Orto MU 14 B2 (B3) Schwungradmagnet
Kupplung:	Mehrscheiben-Nasskupplung
Getriebe:	3 Gänge, manuell
Rahmen:	Zentralrohrrahmen
Radstand:	1200 mm
Federung vorn:	Trapezgabel, ab 1956 unged. Telegabel
Federung hinten:	Horizont. Feder m. Reibungsdämpfung, ab 1962 Vollschwinge mit zwei Federbeinen
Reifen vorn:	2.25-20
Reifen hinten:	2.25-20
Bremse vorn:	Trommel
Bremse hinten:	Trommel
Leergewicht:	55 kg, letzte Ausf. 59 kg
Tankinhalt:	6,5 Liter
Höchstgeschw.:	55 – 65 km/h

Dingo

Die Dingo-Modelle Turismo und Sport lösten 1963 Cardellino und Co. ab. Beide verfügten über Pressstahlrahmen, Dreiganggetriebe und einen 48,9 cm^3 großen Motor mit 1,7 PS. Schon 1967 folgte ein Rundrohrrahmen, die Modellreihe umfasste jetzt die Versionen GT, Cross und Sport. Die größte Neuigkeit bestand allerdings im vierten Getriebe-Gang. Als Vierte im Bunde erschien dann später das Mofa 50 Monomarcia mit Automatikgetriebe und Pressstahlrahmen. Die allerletzte Dingo war die auf 62 cm^3 vergrößerte 62T mit einer Spitze von 85 km/h.

Motorrad:	Dingo, (Dingo 62T)	**Rahmen:**	Rundrohrrahmen ab 1967, davor Pressstahlrahmen
Produktionszeit:	1963 – 76	**Radstand:**	1130 mm
Motor:	1-Zyl 2-Takt	**Federung vorn:**	Telegabel
Hubraum:	48,9 cm³ (62 cm³)	**Federung hinten:**	Vollschwinge, zwei Federbeine
Bohrung x Hub:	38,5 x 42 mm (43,5 x 42 mm)	**Reifen vorn:**	2.00-18 (Cross 2.50-17, MM 2.50-16)
Verdichtung:	7,5:1	**Reifen hinten:**	2.00-18 (Cross 2.50-17, MM 2.25-16)
Leistung:	1,4 PS / 4800/min (1,5 PS / 5000/min)	**Bremse vorn:**	Trommel
Gemischaufber.:	Dell'Orto SHA 14.9, Schwungradmagnet	**Bremse hinten:**	Trommel
Kupplung:	Mehrscheiben-Nasskupplung	**Leergewicht:**	48 kg (ca., alle Modelle)
Getriebe:	3 Gänge (ab 1967 Dingo GT, Nuovo Cross u. Super Sport: 4)	**Tankinhalt:**	6,5 Liter
		Höchstgeschw.:	40 km/h

Zigolo

Im April 1953 wurde in Mailand die Zigolo (Spatz) vorgestellt, das erste Motorrad mit Vollverschalung, das auch von den Käufern akzeptiert wurde. Darunter verbarg sich ein Drehschiebermotor mit 98 cm³, der eine Spitze von rund 75 km/h ermöglichte. Der Rahmen ähnelte dem der Motoleggera und Cardellino. Hinten federte die Schwinge gegen ein Gummikissen, unterstützt von Guzzis üblicher Reibungsdämpfung. Vorn kam eine ungedämpfte Telegabel zum Einsatz. Das Luxusmodell (Lusso) wurde 1954 eingeführt. Es hatte Doppelsitzbank, 17 Zoll-Rädern und Zweifarben-Lackierung. Gleichzeitig erschien die 6,8 PS starke Sport; die Basisversion hieß jetzt Turismo. 1957 stand nur noch die Lusso im Programm, die 1958 Vollnabenbremsen und eine neue Gabel erhielt. Die letzte Ausführung, zwischen 1960 und 1966 gebaut, hatte 110 cm³. Die Gabel war hydraulisch gedämpft, wie auch die zwei modernen Federbeine der Doppelschwinge.

Motorrad:	Zigolo 98 (110)
Produktionszeit:	1953 – 66
Motor:	1-Zyl 2-Takt Drehschieber
Hubraum:	98 cm³ (110,3 cm³)
Bohrung x Hub:	50 x 50 mm (52 x 52 cm³)
Verdichtung:	6:1 (7,5:1)
Leistung:	4 PS / 5200/min (98 Sport 6,8 PS, 110: 4,8 PS)
Gemischaufber.:	Dell'Orto MAF 15 Bl (ab MkII 1957 MAF 18 Bl), Schwungradmagnet
Kupplung:	Mehrscheiben-Nasskupplung
Getriebe:	3 Gänge
Rahmen:	Zentralrohrrahmen
Radstand:	1240 mm
Federung vorn:	Unged. Telegabel (Gedämpfte Telegabel)
Federung hinten:	Schwinge mit horizontalen Federn und Reibungsdämpfung (Doppelschwinge mit zwei Federbeinen)
Reifen vorn:	2.50-19, 2.50-17
Reifen hinten:	2.50-19, 2.50-17 (2.75-17)
Bremse vorn:	Trommel
Bremse hinten:	Trommel
Leergewicht:	75 kg (78 kg)
Tankinhalt:	13,5 Liter
Höchstgeschw.:	75 km/h

Trotter/ Chiu

Als die Familie Parodi das Werk der Obhut der staatlichen Behörden überließ (die dann daraus die SEIMM formte), wurde das Mofa Trotter vorgestellt. Damit hoffte man, rentable Stückzahlen produzieren und die Kapazitäten auslasten zu können. Zunächst mit einem 40,8 cm³ großen Zweitaktmotor mit Automatik und 1,2 PS bestückt, folgte im dritten Produktionsjahr ein neuer Motor mit horizontalem Zylinder und 49 cm³. Verschiedene Ausführungen mit und ohne Hinterradfederung und verschiedenen Getrieben entstanden, bevor im November 1973 die Trotter der Chiu wich. Die technische Konzeption war gleich, nur die Optik moderner. Außerdem gab es eine Telegabel. Das Mofa-Experiment endete Ende der 70er Jahre.

Motorrad:	Trotter
Produktionszeit:	1966 – 73
Motor:	1-Zyl 2-Takt
Hubraum:	40,8 cm³ bis 1969, (48,9 cm³)
Bohrung x Hub:	37 x 38 mm (38,5 x 42 mm)
Verdichtung:	7,5:1
Leistung:	1,2 PS / 5000/min (1,5 PS / 5000)
Gemischaufber.:	Dell'Orto SHA 14.9 (14.12)
Kupplung:	Automatik
Getriebe:	2 Gänge, manuell
Rahmen:	Pressstahlrahmen
Radstand:	1035 mm
Federung vorn:	Kurzschwinggabel
Federung hinten:	Starr (MkII ab 1970 Schwinge/Federbeine)
Reifen vorn:	2.00-16
Reifen hinten:	2.00-16
Bremse vorn:	Trommel
Bremse hinten:	Trommel
Leergewicht:	35 kg (37 kg)
Tankinhalt:	2,5 Liter
Höchstgeschw.:	35 km/h

Motorrad:	Chiu
Produktionszeit:	1974 – 76
Motor:	1-Zyl 2-Takt
Hubraum:	49 cm^3
Bohrung x Hub:	40 x 39 mm
Verdichtung:	8,5:1
Leistung:	1,5 PS / 4400/min
Gemischaufber.:	Dell'Orto SHA 14.9, Schwungradmagnet
Kupplung:	Automatik, im Motoröl
Getriebe:	1 Gang
Rahmen:	Pressstahlrahmen
Radstand:	1130 mm
Federung vorn:	Unged. Telegabel
Federung hinten:	2x Federbeine
Reifen vorn:	2.25-16
Reifen hinten:	2.25-16
Bremse vorn:	Trommel
Bremse hinten:	Trommel
Leergewicht:	48 kg
Tankinhalt:	3,3 Liter
Höchstgeschw.:	40 km/h

Cross 50/ Nibbio

Zwei neue Kleinkrafträder stellte Guzzi im November 1973 in Mailand vor. Technisch baugleich, waren Cross und Nibbio für unterschiedliche Einsatzzwecke konzipiert und sollten vor allem die Jugend südlich der Alpen begeistern. Die Maschinen selbst stammten eigentlich von Benelli und entstanden in der ersten Zeit nach der Übernahme durch Alejandro de Tomaso. Der Versuch, die Modellpalette nach unten auszuweiten, schlug fehl und die Cross war der letzte Zweitakter im Programm von Moto Guzzi, die anderen Zweitakter wurden schon 1979 aufgegeben. Die Cross wurde mehrfach modernisiert und sah zuletzt – 1982 – aus wie eine richtige Enduro, wenn auch eine mit nur 1,1 PS Leistung.

Motorrad:	Cross 50 (+ Nibbio)
Produktionszeit:	1974 – 82 (1975 – 76)
Motor:	1-Zyl 2-Takt (Benelli)
Hubraum:	49 cm^3
Bohrung x Hub:	40 x 39 mm
Verdichtung:	8:1
Leistung:	1,5 PS / 3750/min
Gemischaufber.:	Dell'Orto SHA 14.12
Kupplung:	Mehrscheiben-Nasskupplung
Getriebe:	5 Gänge
Rahmen:	Rundrohrrahmen
Radstand:	1210 mm
Federung vorn:	Hydr. ged. Telegabel
Federung hinten:	Schwinge mit 2 Federbeinen
Reifen vorn:	2.50-19 (2.50-18)
Reifen hinten:	3.00-17 (2.50-18)
Bremse vorn:	Trommel
Bremse hinten:	Trommel
Leergewicht:	81 kg
Tankinhalt:	9,5 Liter
Höchstgeschw.:	35 km/h

Magnum

Auch die Magnum, 1975 vorgestellt, war eine Benelli mit Guzzi-Aufklebern, ein weiteres Minibike in ihrer Linienführung, mit hohem Lenker und modischen Farben. Ihre Produktion endete bereits wieder 1980.

Motorrad:	Magnum
Produktionszeit:	1976 – 79
Motor:	1-Zyl 2-Takt (Benelli)
Hubraum:	49 cm^3
Bohrung x Hub:	40-39 mm
Verdichtung:	8,2:1
Leistung:	1,2 PS / 5400/min
Gemischaufber.:	Dell'Orto SHA 14.9, Schwungradmagnet
Kupplung:	Mehrscheiben-Nasskupplung
Getriebe:	5 Gänge, Fußschaltung
Rahmen:	Preßstahlrahmen
Radstand:	1040 mm
Federung vorn:	Telegabel
Federung hinten:	Hydr. ged. Federbeine (2x)
Reifen vorn:	4.00-10
Reifen hinten:	4.00-10
Bremse vorn:	Trommel
Bremse hinten:	Trommel
Leergewicht:	58 kg
Tankinhalt:	3 Liter
Höchstgeschw.:	40 km/h

Die de Tomaso-Ära und spätere kleine Zweitaktmodelle

125 Tutto-terreno (TT), 125 Turismo

Anfang der 70er fehlte im Programm ein billiges Modell. Mit der Übernahme durch de Tomaso erhielt Moto Guzzi Zugriff zu mehreren Benelli-Zweitaktern. Die Tuttoterreno basierte zwar auf einer älteren Benelli-Konstruktion, war aber gleichwohl ein Gemeinschaftsprojekt zwischen beiden Herstellern. Die TT wurde 1974 vorgestellt, ein Jahr später folgte die Turismo. Bei ihr handelte es sich um das gleiche Motorrad, jedoch mit vorderer Scheibenbremse und anderer Bereifung. Weitere Kleinigkeiten, wie Tank und Sitzbank, unterstrichen ebenfalls den Einsatz auf der Straße.

Motorrad:	125 Tuttoterreno (Turismo)
Produktionszeit:	1974 – 81
Stückzahl:	3785 (3694)
Motor:	1-Zyl Zweitakter, luftgekühlt
Hubraum:	120,6 cm^3
Bohrung x Hub:	56 x 49 mm
Verdichtung:	9,9:1
Leistung:	11,5 PS / 6700/min
Gemischaufber.:	Dell'Orto VHB 22 SS, Schwungradmagnet
Kupplung:	Mehrscheiben-Nasskupplung
Getriebe:	5 Gänge
Rahmen:	Rundrohrrahmen aus Stahl
Radstand:	1300 mm
Federung vorn:	Telegabel
Federung hinten:	Doppelschwinge, 2 Federbeine
Reifen vorn:	2.50-21 (2.50-18)
Reifen hinten:	3.50-18 (2.75-18)
Bremse vorn:	Trommel (Scheibe)
Bremse hinten:	Trommel
Leergewicht:	105 kg (getankt)
Tankinhalt:	8,5 Liter
Höchstgeschw.:	85 km/h (100 km/h)

254

Im Schatten mehrerer Vierzylinder- und Sechszylinder-Modelle von Benelli wurde während der de Tomaso-Ära auch diese kleine Viertellitermaschine mit Guzzi-Emblem vorgestellt. Die radikale Optik war wohl nicht jedermanns Sache, so dass die 254 zwar drei Jahre im Programm blieb, aber gerade tausendmal verkauft werden konnte. Der knappe Rahmen wies dem Motor mittragende Funktion zu. Das Ganze umkleidete reichlich Thermoplast, praktisch nur eine Schale mit Schnellverschlüssen. Die gesamte Instrumentierung befand sich in der Tankschale.

Motorrad:	254
Produktionszeit:	1977 – 81
Stückzahl:	1070
Motor:	4-Zyl ohc-Viertakter
Hubraum:	231 cm^3
Bohrung x Hub:	44 x 38 mm
Verdichtung:	11,5:1
Leistung:	27,8 PS / 10 500/min
Gemischaufber.:	4 x Dell'Orto PHBG 18 B, Kontakte
Kupplung:	Mehrscheiben-Nasskupplung
Getriebe:	5 Gänge
Rahmen:	Offener Rundrohrrahmen
Radstand:	1270 mm
Federung vorn:	Telegabel
Federung hinten:	Doppelschwinge, 2 Federbeine
Reifen vorn:	2.75-18
Reifen hinten:	3.00-18
Bremse vorn:	Scheibe
Bremse hinten:	Trommel
Leergewicht:	126 kg (getankt)
Tankinhalt:	10 Liter
Höchstgeschw.:	138 km/h

250 TS

Als eines der ersten Gemeinschaftsprojekte mit Benelli wurde schon 1973 die 250 TS vorgestellt. Der einzige Unterschied zu ihrem Benelli-Vorbild bestand in der Einführung von Aluzylindern mit verchromten Laufbohrungen. Die Markteinführung der 250 TS erfolgte aber erst 1974. Bereits ein Jahr später wich die Duplex-Trommelbremse der ersten Ausführung (die mehr als 4500 Mal gebaut wurde) einer vorderen Scheibenbremse. Diese zweite Serie bekam außerdem eine elektronische Zündung.

Motorrad:	250 TS
Produktionszeit:	1974 – 82
Stückzahl:	11.846 (beide Ausführungen)
Motor:	2-Zyl Zweitakter, luftgekühlt
Hubraum:	231,4 cm^3
Bohrung x Hub:	56 x 47 mm
Verdichtung:	9,7:1
Leistung:	24,5 PS / 7570/min
Gemischaufber.:	2 x Dell'Orto VHB 25, Kontakte/elektronisch
Kupplung:	Mehrscheiben-Nasskupplung
Getriebe:	5 Gänge
Rahmen:	Rundrohrrahmen aus Stahl
Radstand:	1330 mm
Federung vorn:	Telegabel
Federung hinten:	Doppelschwinge, 2 Federbeine
Reifen vorn:	3.00-18
Reifen hinten:	3.25-18
Bremse vorn:	Trommel/Scheibe
Bremse hinten:	Trommel
Leergewicht:	137 kg (getankt)
Tankinhalt:	17 Liter
Höchstgeschw.:	130 km/h

350 GTS

Motorrad:	350 GTS
Produktionszeit:	1974 – 79
Stückzahl:	3267 (beide Ausführungen)
Motor:	ohc-Vierzylinder, luftgekühlt
Hubraum:	345,5 cm^3
Bohrung x Hub:	50 x 44 mm
Verdichtung:	10,2:1
Leistung:	31 PS / 9200/min
Gemischaufber.:	4 x Dell'Orto VHB 20 D, Kontakte
Kupplung:	Mehrscheiben-Nasskupplung
Getriebe:	5 Gänge
Rahmen:	Rundrohrrahmen aus Stahl
Radstand:	1370 mm

Ursprünglich wollte die de Tomaso-Organisation den neu konstruierten Vierzylinder in zwei Ausführungen präsentieren: Mit 500 Kubik für Benelli und mit 350 Kubik für Moto Guzzi. Diese strikte Aufteilung verwischte später etwas, da auch Benelli eine 350er bekam. Die 350 GTS Guzzi dagegen erhielt nach einem Produktionsjahr Verstärkung durch die etwas schnellere 400 GTS. Beide sollten die Japaner herausfordern, erinnerten aber zumindest im Motorenbau der Konkurrenz aus Fernost, vor allem der Honda CB 500. Die 350 GTS hatte im ersten Produktionsjahr (wie die 250 TS auch) eine Duplex-Trommelbremse vorn, danach eine Scheibenbremse.

400 GTS

Als 1975 die 400 GTS kam, trug sie von Anfang an eine Scheibenbremse. Die Konstruktionsmerkmale, wie auch das Design, hatte sie mit denen der 350 GTS gemeinsam. Die Hubraumvergrößerung erfolgte durch eine Verlängerung des Hubs; der Leistungsgewinn betrug fast 10 PS: 40 PS bei 9000 Umdrehungen standen in ihren Papieren. Sie wurde parallel zur kleineren 350 GTS bis 1979 gebaut.

Federung vorn:	Telegabel
Federung hinten:	Doppelschwinge, 2 Federbeine
Reifen vorn:	3.00-18
Reifen hinten:	3.50-18
Bremse vorn:	Trommel/Scheibe
Bremse hinten:	Trommel
Leergewicht:	198 kg (getankt)
Tankinhalt:	17 Liter
Höchstgeschw.:	150 km/h
Anmerkung:	Die 400 GTS hatte 50 x 50,6 mm Bohrung x Hub und 397 cm^3 Hubraum; Leistung 40 PS bei 9000/min, Spitze 170 km/h.

125 2C 4T

Die 125 2C 4T entstand aus der »254«, bei ihrem Motor handelte es sich praktisch um einen halbierten Vierzylinder. Auch das Chassis kam dem großen Vorbild nahe, mit dem Unterschied, dass die Instrumente hier an der oberen Gabelbrücke angebracht waren und nicht, wie bei der 254, in der Tankverschalung. Elektrik, Fahrwerk und Karosserie wurden fast unverändert von der größeren Vierzylinder-Schwester übernommen. Der drehfreudige Motor benötigte allerdings Drehzahlen, um überhaupt vorwärts zu kommen. Die in Deutschland fast unbekannte Maschine war nur in den Jahren 1980 und 1981 in Produktion.

Motorrad:	125 2C 4T
Produktionszeit:	1979 – 81
Stückzahl:	1182
Motor:	2-Zyl ohc-Viertakter
Hubraum:	123,6 cm^3
Bohrung x Hub:	45,5 x 38 mm
Verdichtung:	10,65:1
Leistung:	16 PS / 10 600/min
Gemischaufber.:	2 x Dell'Orto PHBG 20 B, Kontakte
Kupplung:	Mehrscheiben-Nasskupplung
Getriebe:	5 Gänge
Rahmen:	Rundrohrrahmen, unten offen
Radstand:	1290 mm
Federung vorn:	Telegabel
Federung hinten:	Doppelschwinge, 2 Federbeine
Reifen vorn:	2.75-18
Reifen hinten:	3.00-18
Bremse vorn:	Scheibe
Bremse hinten:	Trommel
Leergewicht:	110 kg (getankt)
Tankinhalt:	8,5 Liter
Höchstgeschw.:	130 km/h

125 TT BX

Anfang der Achtziger erschien eine neue 125er Guzzi-Benelli. Mit Reed-Ventilen, Separatschmierung, Ausgleichswelle und Wasserkühlung war sie in jeder Hinsicht modern. Erst 1985 wurde die TT zum Verkauf angeboten. Erst nach zwei Produktionsjahren verschwanden die (eigentlich überflüssigen) Kühlrippen vom Zylinder. Ein Nachfolger mit rechtsseitig angeordnetem Wasserkühler und linksseitigem Auspuff wurde noch in den 90ern als 125 BX angeboten. Der Motor war jedoch mehr oder weniger unverändert geblieben.

Motorrad:	125 TT (BC)
Produktionszeit:	1985
Motor:	1-Zyl. Zweitakter, wassergekühlt
Hubraum:	123 cm³
Bohrung x Hub:	56 x 50 mm
Verdichtung:	11,5:1
Leistung:	16,5 PS / 7000/min
Gemischaufber.:	Dell'Orto PHBL 25 BS, elektronische Zündung
Kupplung:	Mehrscheiben-Nasskupplung
Getriebe:	6 Gänge
Rahmen:	Rundrohrrahmen aus Stahl
Radstand:	1380 mm
Federung vorn:	Telegabel, 35 mm Marzocchi
Federung hinten:	Zentralfederbein
Reifen vorn:	2.75-21
Reifen hinten:	4.10-18
Bremse vorn:	Scheibe, 260 mm
Bremse hinten:	Trommel, 125 mm
Leergewicht:	110 kg (getankt)
Tankinhalt:	11,5 Liter
Höchstgeschw.:	110 km/h

125 C

Gleichzeitig mit der 125 TT erschien 1985 die Customvariante mit identischer Antriebsquelle. Bei der »Custom« war dieser allerdings nicht in Schwarz lackiert. Fahrwerk und Räder waren für Straßeneinsätze ausgelegt. Ihre Linien erinnerten an die der 125 Turismo der 70er, nur der große Wasserkühler änderte die Optik. Die Instrumentierung umfasste auch einen Drehzahlmesser. Koffer und Windschutzscheibe waren als Zubehör vom Werk erhältlich.

Motorrad:	125 C
Produktionszeit:	1985
Motor:	1-Zyl Zweitakter, wassergekühlt
Hubraum:	123 cm^3
Bohrung x Hub:	56 x 50 mm
Verdichtung:	11,5:1
Leistung:	16,5 PS / 7000/min
Gemischaufber.:	Dell'Orto PHBL 25 BS, elektronische Zündung
Kupplung:	Mehrscheiben-Nasskupplung
Getriebe:	6 Gänge
Rahmen:	Rundrohrrahmen aus Stahl
Radstand:	1380 mm
Federung vorn:	Telegabel
Federung hinten:	Zentralfederbein
Reifen vorn:	80/100-16
Reifen hinten:	3.50 H 18
Bremse vorn:	Scheibe
Bremse hinten:	Trommel
Leergewicht:	110 kg (getankt)
Tankinhalt:	11 Liter
Höchstgeschw.:	115 km/h